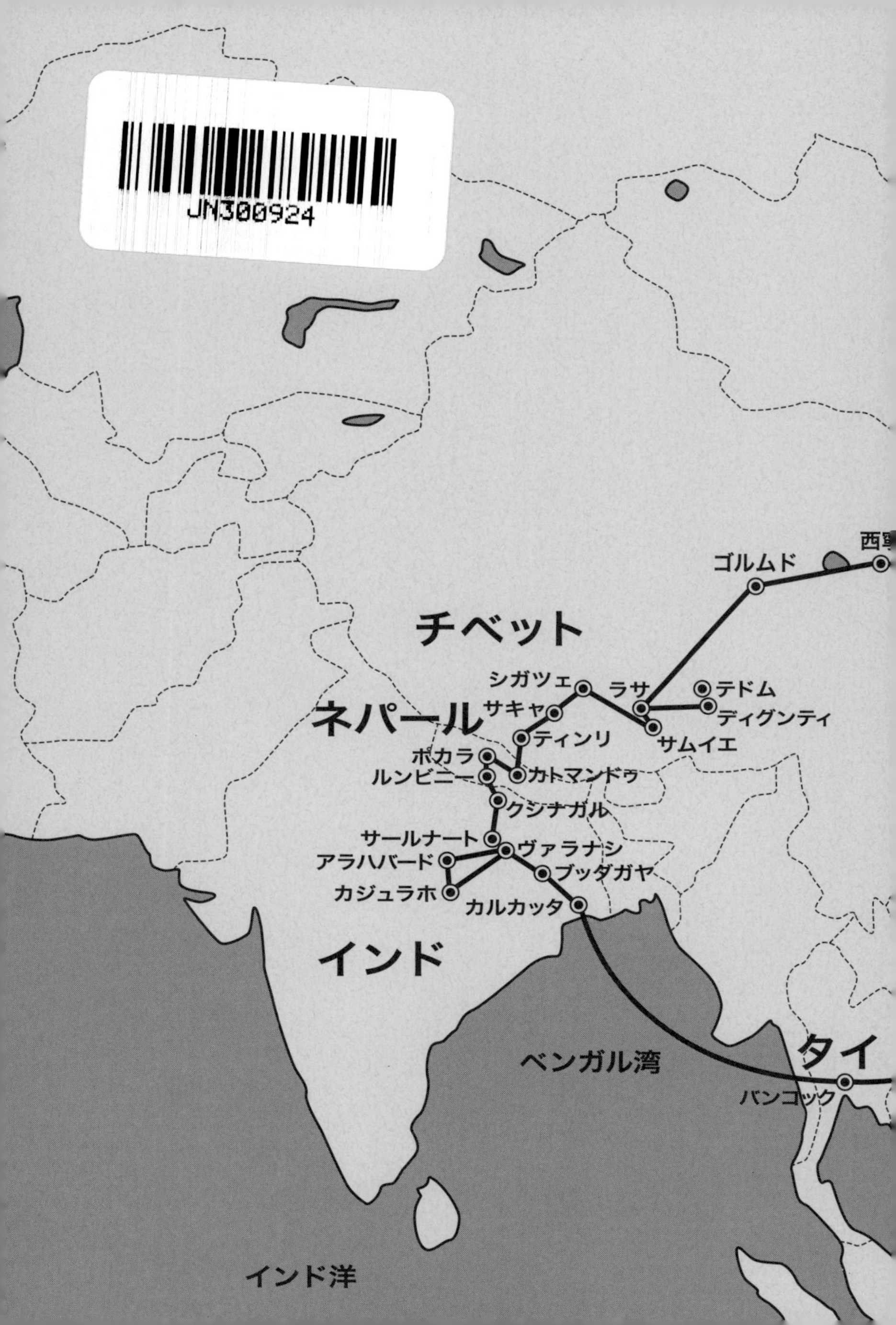
西
ゴルムド
チベット
シガツェ
ラサ
テドム
ディグンティ
サキャ
ネパール
ティンリ
サムイエ
ポカラ
ルンビニー
カトマンドゥ
クシナガル
サールナート
ヴァラナシ
アラハバード
ブッダガヤ
カジュラホ
カルカッタ
インド
タイ
ベンガル湾
バンコック
インド洋

アジアに落ちる

杉山明

めるくまーる

アジアに落ちる

カバー写真・装幀　高橋克明

プロローグ

PROLOGUE

「死ってな～に？」

「う～ん……生きることの反対よ」

「じゃあ、生きるってな～に？」

「う～ん……死ぬことの反対よ」

「それじゃあ、わかんない」

「ずーっと夢見てていいのよ」

「ずーっと？」

「うん、次の夢の中で目覚めるまではね」

「ワクワクするね」


そんなことを子供の頃に教えてくれたババチョフは、オレの目の前十センチで死んでいった。

おっと、うちは母親をババチョフって呼んでんだ。昔、家族でオリンピック見ていたら、ソ連のバレーボール選手でババチョフってのが出てきた。

「この人、誰かに似てない？」

プロローグ

オレと妹は顔を見合わせ、くるっと母親の方をふりむいた。

「ドワーッハッハッハ！」

ババチョフが五十九歳の時に、胃ガンが発見された。

オレは五年間アメリカで現代アートをやったあと、古典絵画を学ぶためにギリシャ、イタリア、スペインと移り住んでいた。マドリッドに落ちついて三年目、妹からの国際電話でそれを知った。

オレはあわてて帰国したけど、ババチョフの手術は成功。ババチョフはひとりでやっている喫茶店〝山小屋ドーナッツ〟に復帰したんだ。

二ヶ月後、またババチョフに異変が生じる。

お客さんのテーブルに置こうとしたジュースのグラスが、スッとババチョフの手から消えた！

鈍い壊音とともに血だまりのようなファンタグレープが広がる。氷とグラスの破片がチリチリと光っていた。ベトベトになった床にひざまずいて、ぞうきんがけしていたババチョフの芋虫のようなうしろ姿が忘れられない。

「あたしって本当にドジね。今日でもう三回目よ。ところであんた、包丁研いでくれない？　なんか昨日から、切れ味悪くって」

包丁研ぎはオレの得意技だ。赤い砥石が乳白色になるまで研ぎ上げてやった。

「え～？　全然切れないわよ。これじゃあ、焼きそばのキャベツも切れやしないわ！」

「おっかしいなあ、ちょっと貸して」

オレがやるとキャベツは、サックリとふたつに割れた！

「…………」

残酷な沈黙がババチョフに診断を下す。右手の運動神経を司る左脳に、ガンは転移していたんだ。

日本に二台しかないというレーザーメスで手術を受けるため、東大病院へ行った。わずか十一秒の手術に百五十万円もとられたが、またも手術は成功する。

しかし喜びもつかの間、ガンは肺に転移していた。

宇都宮のガンセンターに入院したババチョフは、日ましに衰弱していった。オレは手持ちぶさたな看護の間中、ババチョフの姿をデッサンし続けた。最新の生命維持装置はＳＦ映画や古代神話を思い出させる。酸素マスクのホースがうねり、まるで巨大な蛇がババチョフを飲みこもうとしているようだ。

鼻の穴と尿道には透明のチューブが挿入され、ブドウ色になったひじの内側の針から点滴とモルヒネが自動的に流しこまれる。会話というキャッチボールは終わった。言語や常識を司る左脳は麻痺し、ババチョフは神託のようなうわごとをつぶやく。

「酸素の契約が切れるって……」

最後にオレひとりが、その瞬間を看とった。

酸素吸入量を示すモニターからレモンイエローのウェイヴが減り、毎日聞きなれたアラームが鳴り出す。どうする？　ババチョフはもう十分に戦ったはずだ。厳かな儀式をかき乱す死への警報器を……オレは切った。

ベッドに上がりこみ、片手を握ったまま横になる。ババチョフと添い寝するなんて、小学校以来にちがいない。なんとなく甘酸っぱい匂いがする。生の匂いだろうか？　それとも死の匂いだ

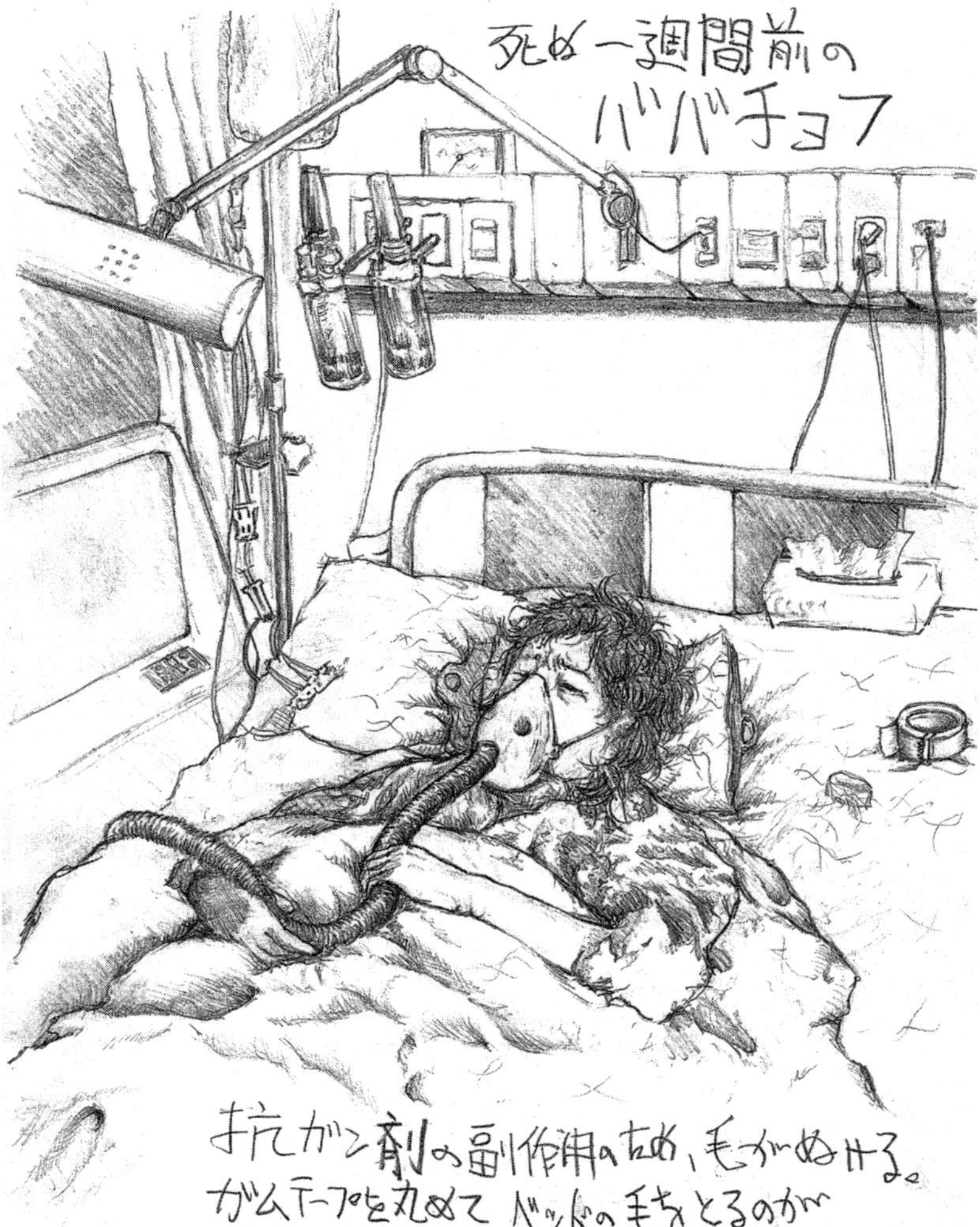

抗ガン剤の副作用のため、毛がぬける。
ガムテープを丸めて ベッドの毛をとるのが
つきそいの主な仕事だった。

ろうか？

呼吸が止まっては、また思い出したように吸いこむ。止まっては、吸いこむ。止まって、吸って、そして確実に弱まっていく。もし控え室で眠る父と妹を呼びに行ったら、その間に事切れてしまうだろう。オレはババチョフの死を、いやすべての生きとし生けるもの、自分にもいつか必ずやってくる死そのものを見つめていた。ゆっくりと苦痛の表情は消え、幸福な微笑みに包まれていく。

やがて……呼吸は止まった。

酸素マスクをはずし、オレは蒸気でむされたババチョフの唇にそっとＫｉｓｓした。ババチョフの旅立ちを見送ることが、とりもなおさずオレの新しい旅のはじまりだったんだ。

死んだ母、それは一番美しい母だった。

アジアに落ちる＊目次

日本
JAPAN

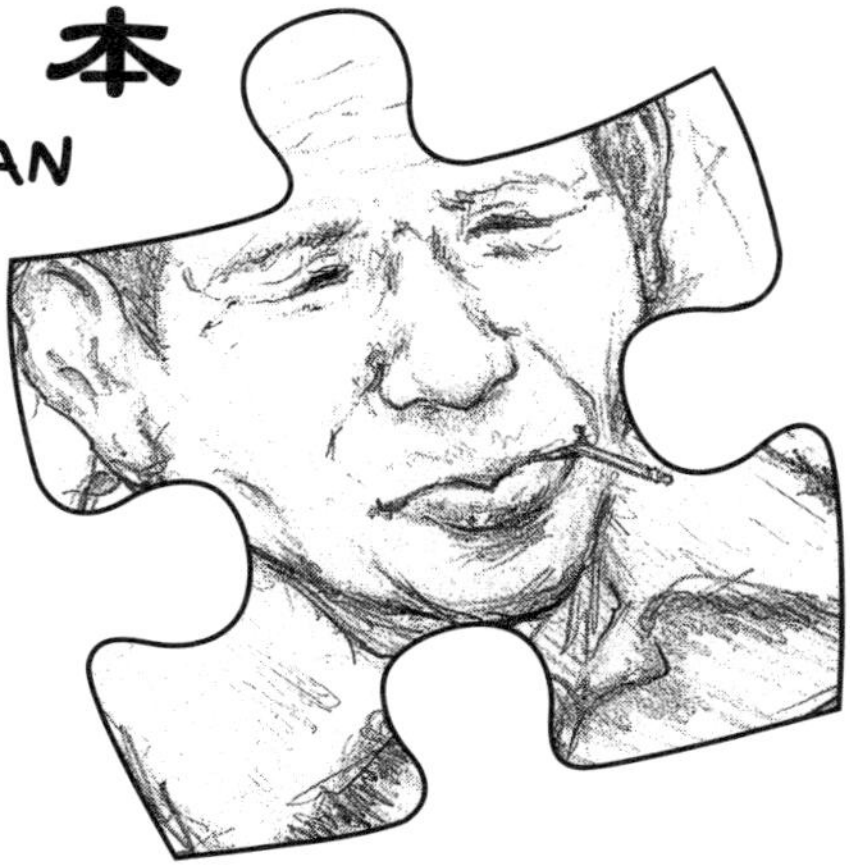

東京

なんでこの国は死を隠すんだろ？

子供たちは、魚がパックの舟で泳いでいると思ってる。そのうち鳥が秘伝のタレをつけて空を飛び、豚が千切りキャベツの上で眠り、牛がポテトやコーラと紙袋に住んでるなんて言い出すだろう。

オレたちは死を食って、生きてんだぜ！


ババチョフも棺桶にパッキングされたまま、オレの見えないところへ連れ去られちまった。火葬場のおじさんに見せてよと頼んだら、規則ですからと断られた。

「ちぇっ、ケチ！」

今日もオレたちはお笑い番組に夢中だ。まるで死の恐怖から必死に目をそらすように。でもなあ、あんなにキュートなアイドルも、おしゃべりなアナウンサーも、えらそうな政治家も、ちっちゃな赤ちゃんも、八百屋のおばちゃんも、おまわりさんも、うちの猫たちも、天井のクモも、庭のひまわりも、みんないつかは死ぬんだなあ。なんて、あたりまえなことに気づいちまった。

じゃあ、死んだら真っ暗闇のなんにもなしなの？

天国にはウィーン少年合唱団みたいのが、ヒヨヨ～ンって歌ってんの？

地獄では閻魔大王がひっこぬいた舌で、タン塩食ってんの？　そんな素朴な質問に、坊主も学者も先生も親も友だちも本もテレビも答えてくれない。世界の全体像なんてジグソーパズルはグッチャグチャにかきまわされ、大事なところが全部抜け落ちちゃってるんだ。

まあ救いといえば、妹に子供が生まれたことだ。凛太郎《りんたろう》と名付けられた。これでオレが死んでも、わが家の遺伝子は残る。ババチョフの死と新しい命の誕生は、運動会のバトンリレーを思い出させた。しかもババチョフはオレにまでバトンをわたしやがった。死亡保険の金がいきなり転がりこんでくるなんて、まるで背中を押されているみたいだ。

「あたしが見せてやったものがなんなのか、自分で確かめてらっしゃい。早く目ぇ覚まさないと、遅刻するわよ！」

夢ん中のババチョフの声に、インドの火葬場の風景が浮かんでくる。夕闇のガンジス河を照らし出す炎に、横たわっているのはババチョフだ。すると、見たこともないチベットの鳥葬が像を結んでいった。鳥たちが惜しみなく奪いつくす死肉……それは、オレの体だった！

きっと世界のどこかには、この国が失くしてしまったパズルのかけらがころがっているかもしれない。**行ってみるか……アジアへ。**

六本木の中国大使館でヴィザを手にした瞬間、一日も早く出発したくなる。上海行きのフェリーを調べると、一週間後に東京から、二日後に神戸から出るという。

まだ行ったことのない神戸も見たかったし、スペイン時代に恋人だったアーティスト、ニッキが住んでいる。オレは大使館の公衆電話で、ニッキのナンバーをたたいた。

「えっ、ＡＫＩＲＡ？　ひさしぶりじゃない！」

ハスキーなくせに、舌っ足らずなアクセントがなつかしい。

「いきなりで悪いんだけど、あさってのフェリーで、神戸から上海へ渡りたいんだ。今からそっちへ行ってもいいかい？」

「もちろんよ。あんたのいきなりには慣れてるわ。ウフフ、いいもの見せてあげるから」

ニッキは謎めいた笑いを残し、電話を切った。


東名高速の入口がある用賀インターチェンジに、〝神戸〟と書いた段ボールを持って立った。オンボロリュックを歩道におろし、愛用の巻きタバコをふかしていると、二トン・トラックがマクドナルドから出てきた。

「広島まで行きますよ。神戸で降ろしてあげるから、乗っていきなさい」

カープの野球帽をかぶったおやじは、厚い下唇にショートホープをくわえている。フロントガラスには交通安全のお守りが揺れ、線香みたいな消臭剤の匂いがする。ハンドルを握りなおしたおやじの手首には、紫の房がついたプラスチック製の数珠が巻いてあった。

「シートベルトをしてください」

勢いよくガスペダルがふかされ、バックシートに吸いよせられる。なんだか捕虜にでもなった気分だ。

「何を運んでるんですか？」

「仏壇です」

へっ？　出発早々仏壇か。縁起がいいんだか悪いんだかわかんない。

「叔父がやっていた仏壇販売の会社を株式にしたんです。デザイナーを頼んでカタログを作ったり仏様が逆光でシルエットになる照明を工夫したり、仏壇の近代化を計ったのです」

チラッとのぞいたおやじの犬歯には金がかぶせてある。赤い野球帽の下にあるおやじの目は、陰になってよく見えない。

「私、人をひき殺しましてね」

いきなり頸動脈を押さえられたように、オレはすくみあがった。

「いや、その人が酔っぱらって飛び出してきたんです。ヘッドライトの中に、人影がくっきりと浮かび上がりました。もちろん裁判では勝ったし、保険もおりました。でも……」

オレの血圧といっしょに、トラックはドンドン速度を上げていく。

「ハンドルが金縛りにあうんです。事故から三日後に、子供をひきそうになりました。もうハンドルが味をしめちゃって、吸いこまれていくんです」

ファファッファアーパーッ！

おやじはとり憑《つ》かれたように、初心者マークのシビックを追い抜かす。とんだ殺人ドライヴァーにつかまっちまった。やり残してることいっぱいあんだからさあ、オレまだ死にたかないよ。

「私は酒浸りになって、はじめて女房を殴りました。そんなとき叔父が、私を救ってくれたんです」

おやじは大きく自分でうなずくと、オレの方に向いた。たのむ、お願いだから前を見て運転してくれ。

「叔父が日蓮上人を教えてくれたんです。私は仏教の研究に専念しました。そしてついに気づいてしまったのです。私がひいたのは、日蓮上人だってことに！」

「はあ？」

「つまり私を仏の道に導くために、上人様は他人の姿を借り、ひかれて下さったのです。はっはは、安心して下さい。もう二十年も前の話です」

浜名湖のサーヴィスエリアでトラックを止め、おやじは野球帽を脱いだ。蛍光灯に細い目をしばたたかせるおやじの顔には、もう物《もの》の怪《け》はとり憑いていなかった。その証拠に、と言っちゃなんだが、うな重をおごってくれたんだ。

店内と二重写しになったガラス越しに夜の浜名湖が見える。黒い湖の底には、うなぎたちが息をひそめて死を待っている。彼らは天命を全うする前に殺される。

でも、うな重はうまい！

こんなに美味しい体に生まれてこなかったらよかったのに。オレも喜んでもらえるなら誰かに食ってもらいたいけど、殺されるのはやだな。電気ショックのスタンガンで額をドーンとか撃たれて。

「エレキ仏壇第一号は……」

「エ、エレキですか？」

「エレクトリックじゃいけません。当時はあくまでエレキだったんです！　君、何を描いているんです？　エレキ仏壇の歴史なら、あとでパンフレット送りますよ」

仏壇おやじ
ようじ
重箱仏壇
制作中

「ちがうんです、旅先で出会う人をスケッチしようと思って。ちゃんと聞いてますから、気にしないで続けて下さい」

おやじはおみくじでも引くように、ガラスのようじ入れをジャラジャラやっている。

「苦心のすえエレキ仏壇第一号は完成しました。まばゆいばかりの仏様がオート扉の中から現れたのです」

「オート扉っていったって、二十年前はまだリモコンはなかったでしょう?」

おやじはようじで金歯をせせくると、プラスチックの重箱を立てて説明した。

「ほら、この仏壇の側面にスイッチがついてました」

「それじゃあ、手で開けた方が早いんじゃ……」

おやじはようじの先を玄米茶にひたし、紙ナプキンでていねいにふいている。

「夜には読書灯にもなるし、セルフタイマーで消すこともできます。線香マットがお部屋の消臭にもなるし、お経も自動的に流れるんです。ここ数年のヒーリング・ブームで若い人の購買層も伸びています。外国の方もキリスト様を飾られたり、お経をイルカの鳴き声に替えられたりしてご愛用いただいてます」

おやじは自分で使い終わったようじを、ようじ入れにもどしちまった！　不動明王のように左手を上げると、ようじ入れをふる。聖も俗もごっちゃになってもうどれがどれだかわからない。

「すべてのものを大切にする気持ちがあれば、そこに仏様が宿るのです」

神　戸

港町は性器に似ている。

女性的に入り組んだ湾、開放的な歓楽街、男性的に突出した岬、うらぶれたドヤ街、大砲を積んだ船が入って来るにせよ、出て行くにせよ、異なるものたちが波打ち際でからみ合い、もつれ合い、ほぐれながら、新しい人種や文化が生まれてくる。


「いずれは仏教の本場チベットにも輸出したいので、いい話があったら教えて下さい」

車の窓を少し開けると、海の冷気がスゥーッと首筋を愛撫する。おやじはわざわざ名神から阪神高速に入り、玉津インターを国道に出て、西明石の駅で降ろしてくれた。トラックの積みこみ口には、エアーブラシで金剛仏が描かれている。うしろから見送ると、まさに走る仏壇そのものだった。

ニッキが車で迎えに来てくれた。真珠色のドアが開き、しなやかな獣を思わせる長身が抱きついてきた。シッピーズの真っ赤なレザージャケットにレーシングブーツ。マドリッドのヴェラスケス通りで買った物だ。

「うわっニッキ、気絶するほど美しい！」

「あんたこそ、そのドレッドヘアー、ホームレスみたいにイカすわよ」

モロッコでいっしょに買ったイヤリングに、鼻先をくすぐられる。オレは助手席に乗りこむと、さっそくスケッチブックをとりだした。

「はいニッキ、こっち向いて。五分で終わっからさ」

「あんたアテネで似顔絵屋やっていたものね」

オレはかつての恋人を、まるで初めて会ったときみたいに見つめた。真っ黒い髪をうしろで束ね、りりしい眉と大きな瞳がオレを射る。ホントにこいつ日本人かよ？　どう見てもセヴィーリャとかグラナダに住むヒターノ、スペイン系ジプシーだ。実際ニッキはフラメンコダンサーになるためマドリッドに来たんだけど、オレの（悪）影響でアートに目覚めちまったんだ。

「しばらく会わないうちに、こんなきれいになりやがって！　恋でもしてんじゃねえの？」

「あんたよりやさしい男はいっぱいいるけど、あんたよりバカな男はそうざらにいるもんじゃないわ」

「それって、愛の告白アゲイン？」

「もう、こんな勝手な恋人はごめんよ。また行方不明になられちゃかなわないから」

ババチョフの入院で、オレはニッキをマドリッドにおき去ってしまった。でもオレの行方不明は、不治の病だ。

「ねえねえ、いい物見せてくれるって何？」

「ロフトに着いてのお楽しみよ」

「え〜家の中じゃなくちゃ見せられないもの？　エッチなものだといいな〜」

NiKKi
弱点＝ゴキブリ
いっしょにセネガルの
大学寮に泊ったとき
あまりに大量の
ゴキブリを見て
失神しそうになった

ニッキはオレをチラリと見ると、ツンとした鼻でせせら笑った。

町外れの倉庫の前にオレたちは立っていた。ニッキは雷鳴を轟かせ、シャッターを開ける。空でも持ち上げるように仁王立ちしたまま、微笑みを浮かべてふりかえった。

「さあ、お待ちかねのいいものよ。これが、あんたがわたしに残した傷跡だわ」

暗いアトリエに足を踏み入れたとたん、オレは恐怖に立ちすくんだ。

黒こげになった死体たちが、そこらじゅうに散らばっていたからだ！　ある者は腕をもがれ、ある者は足をもがれ、バラバラになった人体がオブジェとなって転がっている。

「お気に召した？」

次の瞬間、高い天井に取りつけられた蛍光灯が、いっせいに発光した。

「何ビビッてんの？　ほら、木で作った骨組みにこうやって自転車のゴムチューブを巻きつけて、ガスバーナーであぶるの。まさにTHE END OF THE WORLDそのものでしょう。だいじょうぶよ、うらんでないから。くやしいけど……感謝しているわ。わたしをアーティストとして、ひとり立ちさせてくれたんだから」

「それって、愛の告白アゲイン？」

いきなり、ゴムチューブがオレのほほに炸裂した。

「あんたみたいなオッペケペー、見たことないわ！」

ニッキはチューブをふり回し、獲物を追いかける。あわれな子羊はオブジェを飛び越しながらアトリエじゅうを逃げまわる。

「あんたはいつも逃げてばっかり！　待ちなさ〜い」

はしゃぎ回るオレたちとは対照的に、黒こげ死体たちは不気味な沈黙を守っていた。

翌日ニッキは神戸を案内してくれた。

うろこの家の美術館でモジリアニを見ると、妙にせつない気分になる。北野町界隈に点在するおしゃれな異人館。なんらかの理由で本国を離れ、言葉も価値観もちがう極東の島国で〃異人〃と呼ばれた人たちは、精一杯のプライドと孤独を抱えこんでいたんだろう。

生田神社にお参りした。エメラルドグリーンの屋根を朱塗りの柱が支え、拝殿の奥では家族がお祓いを受けている。オレたちは二枚の五円玉をふたりの髪の毛で結び、そっと賽銭箱にすべらせた。

高架下のバッタ屋をひやかしながら元町に向かう。ここは神戸のおもちゃ箱だ。小さな店がひしめき合って、いろんなガラクタを売っている。オレは段ボールにつまったEP盤をめくり、クール・ファイブの『そして、神戸』を見つけた。ニッキは段ボールの底からハーモニカを見つけだし、フバーッと吹いた。瞬間、平衡感覚を奪い去る轟音とともに東海道本線が頭上を通りすぎた。オレはニッキの唾液のついたハーモニカを、旅のお守りにと万引きした。何か大切なものは危険を冒して手に入れた方がいい。オレのジンクスだ。

ニッキが一月に個展をやる蝶屋ギャラリーを下見に行く。そこは南京町ってチャイナタウンだ。長安門をくぐると大魔人みたいな石の彫刻が並んでいる。

「西安には、これの本物が六千体もあるそうよ。死んだ皇帝の墓守なんだって」

蝶屋ギャラリーはなかなか手頃なスペースだ。前のレストランにはこんがり焼けた北京ダックやローストチキンがぶら下がっているが、ここにあの黒こげ死体が並ぶと思うとゾクゾクする。

メリケン波止場の日が暮れる。茜雲を背景にポートタワーがそびえていた。百八メートルある展望台からは街と港が一望できる。六甲連山から宝石箱をひっくりかえしたように、ブリリアントカットされた街の明かりが散らばっていた。火の記憶を無意識の中に抱えこみながら、模造ダイヤモンドに人々は集い、食らい、酔っぱらい、憎み合い、そして愛し合う。

「オレまだニッキが好きかもしれない」

「……これ以上、わたしを苦しめないで」

「オレ、神戸に一目惚れしちゃった。無事に帰ってきたら、神戸に住むよ。いっしょに住んでくれるかい？」

ニッキは深い森のようなまつげを伏せて、うなずいた。

「あてにしないで……待っているわ」

都会は星々の墓場なのかもしれない。肉眼じゃ六等星だって見えやしない。明日の今頃は海の上で、十等星たちに出会えるだろう。焼け落ちた星を船が拾い集め、港へと運ぶ。降りそそぐ流星塵を全身に浴びながら、オレたちは最後のＫｉｓｓを交わした。

中国

CHINA

上海

目ん玉に青が流れこんできた。

視界の真ん中に引かれた水平線を境に、見上げれば空の青、見下ろせば海の青。さえぎるもののない青の世界で深く呼吸をすると、体の中まで青に染まっていく。湾曲した水平線に虹色の影が浮かびあがる。

あらゆる混沌と悦楽がつめこまれた西方浄土……アジア大陸だ。


船内にアナウンスが流れ、みんなが甲板に出てきた。二泊三日の船旅が終わる。もうもうと湯気をたてた魔都上海が、大陸ごとこっちに向かって泳いでくるようだ。

オレたちの船は、東シナ海と揚子江がブレンドされた黄浦江《ホワンプージャン》に入っていく。

吹きよせられたゴミを海かもめがつつき、大型客船や小型漁船、ジャンクと呼ばれる木造船から筏《いかだ》まで好き勝手に行き来している。フェリーの波でひっくり返りそうになりながらも、オンボロジャンクが「ここはおれの縄張りだ！」と主張しながら横切っていく。このアナーキーな雑然さに胸がときめいてくる。

「敵は手強いぞ……」

甲板にたって腕を組み、声に出してつぶやいてみる。ルール無用の反則レスラーたちを押しのけて、見事チベットへたどり着けるか？　さあ戦いはこれからだ！　カッチョよく決心した瞬間、船が横づけされてよろけちまった。こりゃあ、先が思いやられるわ。

ムンッと、上海《シャングアイ》の体臭が鼻をつく。

汗と埃《ほこり》と潮風と食べ物が、騒乱の歴史の中で発酵した臭いだ。赤レンガでできた街並みを、使いこんだトラックや骨太い自転車がすっ飛んでいく。荷車に野菜を積んだおかみさんも、黄ばんだホワイトカラーのビジネスマンも、この街では急ぎ足だ。

鑑真《ガンジン》号でやってきた貧乏旅行者はほとんどと言っていいほど、浦江《プージャン》飯店に泊まる。多人房《ドミトリー》は八人部屋で、一泊五十元《ユアン》。一元が十二円だから六百円ってとこかな。四階のつきあたりにある大部屋は、古いけれども清潔で居心地がよさそうだ。

川に面した窓から午後の光線を背にして、長身の青年が街をながめていた。

「二、三日世話になるよ。よろしく」

オレが声をかけると、青年はやせた手をさし出した。

名前はピーター、オーストラリア人だ。彼はもう二ヶ月も、上海にハマっているという。ざんばらの金髪を無造作にかきあげ、唇をとがらせてしゃべるクセが、彼をとても少年ぽく見せている。顔のソバカスを線でつなげば、いろんな星座ができるだろう。

「しかし二ヶ月とは、よっぽどこの街が気に入ったんだね」

「もぐりで英語教師の仕事も見つかったし、中国人の彼女もいるんだ。きのう、ヴィザの延長を申請に行ってきたよ」

ピーターは金色のまつげをふせ、つぶやくように言った。その間も貧乏ゆすりをしながら、しきりにタバコをもみ消している。

「なんか落ちつかないね。デートの約束でもあんの?」

ピーターは首や背中を掻《か》きながら、あわてて言った。

「い、いや、別になんの予定も入ってないよ」

正直に告白すると、オレはニューヨーク時代にドラッグの売人をやってた。プエルトリコ人から安く仕入れたコカインを売って、自分のためのヘロインを買う毎日だった。禁断症状の中ではドラッグを悪魔みたいに恨んだけど、この反面教師がいなかったら今の自分もいないと思う。自己弁護するわけじゃないけど、ニーチェっていうおかしな哲学者が言ってた。「天に達する木はその根を地獄に下ろさなくちゃならない」って。もしかすると自分が落ちこむ最悪の体験は、そこからオレたちをジャンプさせるバネみたいなものかもしれないな。

オレが色々ほじくり出すと、ピーターが上海にとどまっている最大の理由がわかった。

「ピーターの目黄色いよ。もしかして、なんかやってんじゃねえの?」

ピーターはきまり悪そうに目をふせる。まるで流し台の下に隠しておいたティーカップの破片を、ママに見つけられた子供みたく。

「セ、セサミを少々……」

セサミっていうのは一九二〇年代に外国人が愛煙した伝説的な上海阿片だという。

「もちろんその頃のものと同じじゃないだろうけど、いい阿片窟《ケイヴ》を知っているんだ」

ピーターは余計なことを言ってしまって、軽蔑されるんじゃないかとオレの目を見た。

「ねえ、オレも連れてってくんない?」

Peter
この背景ヤダな、ブツブツ…

オレはたぶんピーターのママみたく、愛嬌をこめてウィンクした。

夕方部屋で待ち合わせして、さっそくその阿片窟《ケイヴ》に案内してもらうことにした。

河沿いには上海市民の憩いの場所、黄浦《ホワンプー》公園がある。ここは植民地時代、〝犬と中国人は、入るべからず〟という立て札が立っていた。国境やプライベートビーチなんかと同じ発想だ。狩猟民族アイヌの森やシャケの川を禁猟区にしたり、インディアンを居留地に押しこめたり、人はやたらとボーダーを引きたがる。

左手には四六八メートルもあるという、東洋一ダサい、いや高い東方明珠広播電視塔《トンファンミンジューゴアンボーディエンシーター》がそびえる。注射器のシリンダーに、みたらし団子をふたつくっつけたみたいなテレビ塔だ。左手にはマドリッドのグランヴィア大通りを思わせる、石造りのヨーロッパ建築がならぶ。ルネッサンス様式からアールデコまで混在し、この不調和ノイズが上海の魅力なのかもしれない。

「ここの小龍湯包《シャオロンタンパオ》、ムチャうまいよ」

旧市街にある豫園商場《ユイユアンシャンチャン》は、浜離宮庭園にアメ横と竹下通りを放りこんだようなごちゃ混ぜショッピングモールだ。ピーターが指さした宮殿風のレストランはすごい列なんで、ファーストフードの小龍湯包をテイクアウトした。薄皮にくるまれた熱い肉汁が舌をとろけさす。

豫園《ユイユアン》のまわりには、昔からの貧乏家屋が続く。野菜クズや吸殻の散らばる石畳を、野良猫や鼻水たらしたガキどもがかけぬけていく。夕飯の支度に忙しいおかみさん、軒先にイスを出してタバコをくゆらすじいさん、ボロ着を繕うばあさん。肉や魚や生ゴミや汗や糞尿が入り交じった生活の臭いが、プンプンただよっていた。

急にこめかみが痛みだす。

なんだろう？

うなじの奥が痺れ、頭の中に霧が降りてくるようだ。

変だぞ？

視界がブレはじめ、ときどき色を失う。そして二、三度ゆらめいたあと、再び重なってくる。

まさか？

強烈ななつかしさが心臓をわしづかみにし、血管がジュッと泡立つ。そのときだ、ありえない確信が脳裏をよぎった！

「知っている……ここを！」

突然大声を上げて立ち止まったオレは、小龍湯包の紙袋を落としてしまう。ピーターが拾おうとしゃがんだ瞬間、激しいベルとともに自転車が通りすぎた。白い紙袋についた車輪のあとから、冷めた肉汁が黒くにじみ出してくる。

「えっ、来たことあるの？」

ピーターはしゃがんだままの姿勢で、きょとんとオレを見上げている。

「いや、はじめてだけど……なんだかスゲーなつかしいんだ。ちょっと試しにオレを先に歩かせてみて」

ぼんやりとした意識のまま、歩きはじめる。不快感は通りすぎて、心地よいやすらぎが身を包んでいる。この路地裏の迷路がやけに愛《いと》しい。言葉にできない血の記憶がオレを導いていく。ピーターは不審がりながらも、根気強くオレにつき合ってくれた。

オレはときどき立ち止まっては、目を閉じて方向を確認する。

一度来た道を引き返し、細い路地を曲がる。その奥には二階建ての廃屋《はいおく》があった。麻縄で竹を編んだ垣根は倒れ、枯れて縮こまった朝顔の鉢が転がっている。

「こんなところに人がいるの？」

不安になったピーターが聞いてきたけど、答える必要はなかった。外れかけた木戸が、向こう側からスゥーッと開いたからだ。

「回来了《フイライラ》」

中国語をろくにしゃべれないオレなのに、それが「おかえり」という意味なのをすぐ理解した。暗闇の中から現れた老婆が、オレの胴を抱いた。老婆の背は巨大なこぶのように曲がり、オレの乳首よりも低い。カッターで刻まれたのではないかと思うほど額《ひたい》のシワは深く、両はじのすり切れた眉毛の下に黄色い目が輝いた。

「来《ライ》」（おいで）

薄暗い室内に招き入れられると、この家が明らかに廃屋でないことがわかる。唐彫りのつい立てには埃ひとつなく、紫檀《したん》の箪笥《たんす》もていねいに磨きこまれていた。

老婆はきしり、きしりと階段をのぼる。オレたちも手垢に光る手すりをつたってついていく。それも老婆に合わせてひどくゆっくりと。この家に入ってから、時間が餅のように引き伸ばされているようだ。

裸電球を囲んだシェードには、孔子と弟子顔回《がんかい》らしい絵が紅く浮き立つ。ひとりの老人が手足をくの字に曲げて横たわり、翡翠《ひすい》の吸い口のついた見事な装飾パイプをくゆらしている。盆の上には景徳鎮の阿片壺、象牙のへら、刷毛《はけ》やピンセットも用意されている。まるで茶道のような伝統的阿片道セットだ。戦前の黄金時代には、阿片道は立派な紳士のたしなみだったという。

「こんな古い阿片窟、はじめてだよ」

「信じてもらえそうもないけど、オレ昔、ここにいたような気がするんだ」

籾殻《もみがら》の枕に横になると、老婆が自動人形のようなすり足でお盆を運んでくる。

「吃《チー》」(おあがり)

老婆は針に刺した阿片を小さなランプであぶり、パイプの先の方についた受け皿におく。オレは深呼吸してから、大きく吸いこむ。胸いっぱいにツーンとせつない芳香が広がる。

オレがニューヨークでヘロインを二年間、ババチョフがガンセンターでモルヒネを二ケ月間、そして人類が四百万年もの間お世話になってきた万能薬、阿片だ。ババチョフの死やニッキとの別れ、これからはじまる過酷な旅への不安がウソのように消えていく。

「こんな上物はじめてだよ!　これこそ本物のセサミかもしれないね」

ピーターはうっとりと目を閉じる。全身が溶け《メルト・ダウン》て流れ出しそうだ。

一服ごとに燠火《おきび》がファーッと輝く。蛍が求愛するように、人魂が呼吸するように、紅い点滅をくり返す。

オレは昔の恋人、ケシの実との再会を楽しんだ。

しばらくすると胃のあたりがムズムズしてくる。とうとう来たな、予想通りだ。阿片も、モルヒネも、ヘロインも、体に耐性ができるまでは嘔吐をくり返す。オレは自分の耐性が切れて、健康体になっていることがうれしかった。

老婆は奥の部屋にオレをいざない、壺の中に吐かせた。小龍湯包と交じった唾液の泡が、音もなく沸騰している。老婆はやさしく背中をさすってくれた。手のひらはある種の熱を帯びていて、脊髄の突起に当たるたび快感に全身が痺れる。

あんた、いったい何者なんだ?

幸福の真最中にいるピーターを残して、オレは階段を下りる。老婆は木戸まで見送りに来てくれた。

「再見《ツァイツェン》」(さよなら)

ふりかえると、老婆は丸められた紙屑みたく微笑んだ。


翌朝、上海駅で一戦交えた。対戦相手は中国大陸屈指の強豪〝不条理〟だ。

神々の住む售票処《ショウピャオチュー》(切符売り場)から手わたされる切符という名の免罪符をめぐって、阿鼻叫喚地獄が展開される。チョビ髭男が割りこんでくる。左腕の外側でブロックしていると、うしろの男が先を越そうとする。必死で窓口にたどり着き、こけし顔のねえちゃんと目があった瞬間。

「没有《メイヨウ》」

「ありません」って意味だが、発音をふくめて「ねえよ~!」って聞こえる。まだオレはなんにも言ってねえじゃねえか!「こんな顔の男に売る切符はねえよ!」ってか? オレはあせって漢字で書いた紙を突き出す。

『上海―西安、明天、第二六〇次直快、硬座票一張』

「没有」アゲイン。

ひるんだすきに、次のやつが顔をつっこんできた。この国では謙譲の美徳やマナーを守ることは、敗北を意味する。そのまた次のやつがオレを押しのけ、シュルシュルッと、ところてん式に押し出されちまった。

列車は硬座《インゾオ》と軟座《ランゾオ》という等級があって、外国人は安い方の硬座チケットはなかなか売ってもらえない。駅をうろついていた少年に声をかけ、筆談で頼む。

「你買《ニィマイ》　我的硬座票《ウオーダインゾオピョウ》　好不好《ハオプーハオ》？」（私の硬座切符を買ってくれないか？）

三元をちらつかせ、列に連れてくる。先にお金を渡すと逃げられるかもしれないので、售票処の直前で人民料金六十三元を渡す。人民料金は外国人料金の三分の一だ。見事に硬座が買えたので、お礼をはずんで五元あげた。なんだか、第一戦を飾ったボクサーみたいにうれしい。

オレとピーターは昨日の阿片窟に行くことにした。おばあちゃんにお金を払うのを忘れていたし、ピーターは本物のセサミにぞっこんだ。おばあちゃんへのおみやげに、豫園でココナッツの月餅《ユエピン》を買った。龍が渦巻く焼き印が押してある。オレたちは昨日と同じ路地から旧市街に入った。

「人民路から中華路へ入るあたりの……たしかこの路地だよね？」

「いや、こんな新しい自転車屋なかったよ。このとなりの路地じゃないの？」

「ここも、ちがうんじゃない？　もっと細い道だよね」

いくつかの路地を入っては戻りするけれど、昨日と同じ路地が見つからない。おばあちゃんの笑顔や家の造りまではっきり覚えているのに、その行き方がわからなかった。

「ピーター憶えてないの？　二ヶ月もいんだから土地勘あんだろう？」

「行きは君についていくのが精一杯だったし、帰りは飛びすぎちゃって全然憶えてないんだよ。それよりまたチャネリングしてくれよ」

オレは目を閉じて意識を眉間に集中する……ダメだ。あのときオレを導いた確信みたいなものが全然浮かんでこない。オレたちは三時間もあらゆる路地を探索したけど、結局わからなかった。

「消えちゃった？」

オレたちは顔を見合わせて、肩をすくめた。

「ぼくたち夢でも見たのかなあ？」

ピーターは河っぷちの土手に腰をおろし、現実ばなれした電視塔《テレビ》を見上げた。

「ふたりそろって同じ夢見るわきゃないだろう」

「でも……ＡＫＩＲＡもぼくの夢の一部で、ぼくもＡＫＩＲＡの夢の一部だったら？」

一瞬、オレの目が点になった。

「おいおい、ステューピッド（バカ）なこと言い出すなよ」

オレが笑いながらふりむくと、ピーターの真剣な目にぶち当たった。

「ぼく、ときどき不安になるんだ。たとえば、ぼくがそっちを向くだろう。そうすると君はもうこの世に存在しない。そしてこっちへ向きなおると、君は戻ってくる」

ピーターはじれったそうに髪をかきまわす。夕暮れの川風に一筋の金髪が舞った。

「ぼくはステューピッドだから、なんて説明したらいいかわからないけど……みんなテレビを見ているんだ！　映画じゃない。映画は一枚一枚確固とした写真の連続だから。テレビは一粒一粒の粒子の集まりなんだ」

「ピーター、オレはもっともっとステューピッドなんだから、わかりやすく言ってくれよ」

「OK、もう一回トライしてみるよ」

ピーターはうすい下唇をかんでから、一言一言確認するように説明しだした。

「ぼくは今、AKIRAっていう映像を見ている。黒いバンダナをかぶって、すり切れたアーミージャケットのえりをたてて、真剣な目でぼくを見つめている。いいかい？　そんな君が、ぼくの目の中にいるんだよ。そして、ぼくがそっちを向く」

ピーターはクルッと、反対にある黄浦公園に目を移した。草色に輝いていた芝生を、夕暮れがそっと撫でていく。

「そうすると君の粒子は拡散して、今ぼくが見ている黄浦公園の映像を作っているんだ」

「あのベンチのカップルが、早く抱きあわないかなあって？」

「混ぜっかえさないでくれよ！　ぼくがこっちへ向きなおると、君は拡散した粒子をあわてでかき集めてもどってくる。それが、今ぼくの見ている番組なんだ」

ピーターはクルッとふりかえると、子供のような眼差しをオレに向けた。

「でもなんのために、オレは粒子をあわてでかき集めて戻ってこなくちゃなんないんだよ？」

オレはピーターの言いたいことがわかりそうで、わかんない。ピーターは自分の言いたいことが伝わりそうで、伝わんない。

「う〜ん……わかんないよ。わかんないから、こうやって旅してるんじゃないか」

ピーターはしばらくうめいた後、急に両ほほのソバカスを押し上げていたずらっぽく笑った。

悠然と流れる黄浦江の向こうに、電視塔のネオンが、ピコピコおゆうぎしている。

「子供の頃、ママと文字盤の言葉遊びをやっていたんだ。ぼくは偶然にこんな言葉を選び出した。NOWHERE（どこにもいない）からWをずらすと、NOW HERE（今ここにいる）になった。ぼくが大きくなったらこの言葉がどれだけ大切な意味を持っているかわかるわよってママが教えてくれたんだ。今ここにいる奇跡を噛みしめながら生きていきなさいって。だってすべては一瞬のテレビ番組なんだ。今ここで君はぼくの番組に、ぼくは君の番組に出演している。これから君の前に現れるおかしな連中も、君をどこかに導くために出演してくれるんだよ」

「そんじゃあ、あのおばあちゃんもオレたちを楽しませてくれるためのスペシャルゲストだったわけ？」

「だから、昨日の舞台セットは取り壊されて、何もなくなっちゃったんだ」

しわくちゃになったビニール袋の底には、おばあちゃんのために買った月餅《ユエピン》があった。

「じゃあこれも、いらないね……おばあちゃんの出演料、食っちゃおうか？」

「食っちゃお、食っちゃお！」

ヌサッとふたつに割ると、白あんが出てきた。ココナッツ・チップが歯のすき間にはさまり、落ちていた枯れ草の茎でほじり出す。

「でもこれ……現実的《リアリスティック》にうまいね！」

オレたちは顔を見合わせると、電視塔が崩れんばかりに笑い出した。

西安

泥埃《どろぼこり》にまみれた列車の窓を冬の雨が打つ。

必死にしがみつく滴たちはよろよろと流れ落ち、ちぎれ、飛んでく。小学校の校庭にはカラフルな雨傘がいっせいに咲き誇り、手を振る子供たちが遠ざかってく。どんなに楽しい風景も、どんなに淋しげな荒野もとどまることは許されないんだ。


オレは前のおばちゃんに席をとっといてとたのんで、トイレに立った。ニワトリの入ったカゴやネギの飛び出したふろしきをよけながら、トイレを見つけた。あ〜あ、やな予感。ドアの下から黄色い水があふれ出している。

「人間愛を語る前に、中国のトイレを見ろ！」

と外国人旅行者の間で言われるくらい、列車のトイレは恐れられている。鉄製のドアを開けた瞬間、オレの目に飛びこんできたのは史上最低のアートだった！

便器の中には色とりどりのウンコが山盛りになっている。床には黄色い軟便が飛び散り、あふれだした尿の上で揺れる青痰と微妙なコントラストを作る。壁には黒く乾いたやつが五本指でなびられ、手鼻がナメクジのようにたれ下がる。ゴワゴワの便所紙、クシャクシャに丸められた新聞紙、ちまきの笹まで、あらゆるものでクソがふかれ、生理ナプキン、タバコの吸殻、ひまわりの種などが散乱している。

オレはクラクラしながら、アクロバティックな爪先立ちで用をすます。さっきまで自分の体の一部だった友人を「再見《ツァイツェン》」と見送って、鎖をひっぱる。ゴボゴボとつまる洪水を背にドアを閉め、大きく息をついた。


列車は踏切事故で五時間遅れ、三十時間の長旅が終わった。威圧的な近代建築の西安駅を出ると、いまだに雨がパラついている。真っ直ぐに続く大通りが食堂の明かりを照り返し、爬虫類の腹のように光る。

二千年もの間栄華を極めた古都は、唐の時代に人口百万を超え、西のローマと並ぶ大都市だった。巨大な城壁が街をすっぽり包みこみ、道路が正確なグリッドに仕切られている。どこかうら哀しく冷たい印象を受けるのは、真冬の夜中に訪れたせいなんだろう。

解放路から真っ直ぐ二キロほど歩くと、勝利飯店がある。「VICTORY HOTEL《ビンマーヨン》」という英語の看板が笑えるほど、煤けた安ホテルだ。オレがここを選んだのは、兵馬俑へのバスターミナルが近くにあるからだ。兵馬俑ってのは始皇帝の墓の一部で、六千体もの兵士の彫像が埋められているところだ。ほら、神戸の南京町でニッキが教えてくれた大魔人は、それのイミテーションにすぎない。


朝起きると、微熱があった。昨日の雨でまだ湿っているアーミージャケットをはおる。無理矢理進軍させられる兵士みたいだ。バスの窓から雨雲に閉じこめられた田園風景が見える。この黄土の下には「神」「悪魔」とまで呼ばれた男の孤独が眠っている。

紀元前二二一年、始皇帝は歴史上はじめて中国を統一した。広大無辺な中国大陸には無数ともいえる異民族が割拠していて、その統一は奇跡としか言いようがない。天才的合理主義者始皇帝は、文字と貨幣と度量衡を統一し、郡県制をしき、万里の長城を連結させた。人間の本性を悪と見なし、法や刑罰で秩序を守る法家思想を重用し、実力者を登用する反面、厳しい思想統制を行った。焚書坑儒事件では、法家思想に反する本を焼き、儒教学者などを生き埋めにした。

現代管理社会を完全に先取りしていた始皇帝は、オレたちの病根まで先取りしてしまっている。線を引き、囲いこみ、自分の考えを他人に押しつけ、不可知なものとの共存を拒み、支配をめざす……**不老不死の幻想だ。**

始皇帝の前にあやしい男が現れた。

「仙人への贈り物を与えてくれるなら、不老不死の薬を手に入れてみせましょう」

始皇帝は謎の男徐福《じょふく》に幻の夢を託した。一説によると、「少年少女数千人」と「五穀の種子、器物、道具類」をのせた八十五隻の船を率いて紀州熊野に上陸した徐福は、蓬萊山＝不死山＝富士山へ登ったが、仙人から不老不死の薬を得ることはできなかった。そのまま富士山の麓《ふもと》で村落を開き、養蚕、機織りなどの技術を広め、『宮下文書』という文献を翻訳していたという。徐福伝説は鹿児島から青森まで二十カ所にのぼっているが、その真偽はともかく秦の時代に多くの知識人が日本へ亡命してきたのは本当らしい。弥生時代の産業革命は、この最新テクノロジーを積みこんだノアの方船がもたらしたのかもしれない。

不老不死の薬を待ちながら、始皇帝は五十歳でこの世を去った。そして七十万人が動員され、ひとりの男の墓は完成した。地中に眠る壮大な宮殿をふくむ周囲六・二キロにも及ぶ墓だぜ！兵馬俑は、その墓のほんの一部にしかすぎない。

中華様式の門に〝兵馬俑坑博物館〟という立派な看板が見えた。うしろに巨大な体育館のようなドームが横たわっている。オレは六十元（七百二十円）の高い入場料を払って、中に入っていった。盛り土を固めた通路の足もとには、おびただしい数の等身大兵士たちがズラッと整列している。もっとよく見ようと、しゃがみこんだまま凍りついた！

こりゃあ、ただの陶器でできたお人形さんじゃない。やっつけの大量生産じゃねえぞ。六千体のひとりひとりが、ちがう顔、ちがう髪型、ちがう服装、ちがうポーズで作られている。実際の人間をモデルにして作られたということは書いてあったけれど、すさまじいリアリズムだ。いや、そこにはリアリズムを越えた何かがあった。

同じ時代に作られたギリシャ彫刻は肉体に魅せられすぎて、人間の内面を表現できなかった。しかしここにいる兵士たちの表情には、生の根源に巣くう不安が見事に表現されている。

ふつう、複数のアーティストによって作られた作品は、傑作から駄作までバラつきがあるはずだ。となりの通路へ走っていった。ここにも見事な作品群がある。また別の通路へ走っていってしゃがみこむけど、見事としか言いようがない。

……いったい、どんな天才たちがいたんだ？

白人観光客が中国人ガイドに率いられてやってきた。ガイドが一連の説明を終え、マルボロ・ライトを取り出したところに近づいていった。

秦始皇兵馬俑

「これは、どんなアーティストが作ったんですか？」

「アーティスト？　はっはっは、紀元前三世紀にアーティストなんかいないよ。これはスレーヴスが作ったんだ」

オレはその単語に、耳を疑った。

「今まで確認されている八十二人の陶工たちは、宮のつく名前が多いんだ。つまり宮刑を受けた身分だったのさ」

ガイドは背広の胸ポケットからぬきとったボールペンで、オレのパンフレットに漢字を書いた。

〝虜〟

奴隷という意味だ。始皇帝が定めた厳格な法律によって、おびただしい罪人が道にあふれた。当時二千万の人口のうち、三百万人が労役にかり出されたという。刑徒墓地からはおびただしい人骨が掘り出されている。陶工たちは、何らかの理由でこの労役に服した。家族から引きはがされ、人間としての権利はすべて剥奪される……たったひとつをのぞいては。それは創作者だけが持つ絶対的自由だ。

大地が生み出した粘土で、宇宙が生み出した人間を必死に写し取る。やつの指先ひとつで命が生まれる。奴隷が皇帝を越え、**神と合一する**瞬間だ。

地位も名誉も権力もなく、泥にまみれて死んでいったんだろう。それでもやつらは笑っていたはずだ。始皇帝でさえ手に入れられなかった永遠の命を、奴隷たちは作品によって実現したからだ。悲しげに見えた彫像が、いっせいに微笑んだような気がした。

西寧

世界中のシャーマンの儀式には、必ず死が織りこまれている。

冥界へ落っこちて、悪魔的な力と対面し、火の試練をくぐり、霊界との交渉のすえ自然の力を手に入れる。

〝世界樹〟か〝宇宙の鳥〟によって上昇していき、ついに太陽との合一を果たす。

それから最後に人間界へと戻ってくる。

つまり新しく生まれ変わるには、一度死を通りぬけなくてはならないらしい。

これからはじまる地獄のバス旅行は、チベットへ達するための通過儀礼だったのかもしれない。


七三／七二次特快、西安発十八時〇九分、西寧着十二時二十五分。十八時間の予定が案の定、二十二時間かかった。もちろんこれは上出来な方だ。

駅前の駐車場を抜けると、おばちゃんたちが川の土手っぷちで日用品を売っている。プラスチックの石けん箱やパンダ印のパンツにまじって、マニ車と呼ばれる仏具があった。それは赤ちゃんが持つガラガラに似て、空き缶にドラムスティックをさしたような形をしている。彫金のほどこされた円筒の中には、お経がびっしりと印刷された巻紙がはいっていて、一回まわすと長大なお経を唱えたことになるんだ。

これってズルじゃん。でも、なんかに似ているぞ。あっ、自動的にお経が流れるエレキ仏壇だ！　こんなヴァーチャルお経マシーンを作るなんて、エレキ仏壇の輸出もあながち夢じゃないかもな。

オレはマニ車を手にとって回してみる。ギコギコ恥ずかしそうな音をたて、チベット文字の読めないオレでも経文を唱えたことになる。中国へ来てはじめてかぎつけたチベットの匂いだ。オレは犯人の足跡を見つけた探偵のように喜んで、マニ車を買ってしまった。

東大街、西大街には生活用品を売る商店がひしめき合っている。ほとんどが白い帽子にあごヒゲをたくわえたイスラム教徒、サラ族の店だ。

東大街と平行に走っている裏道で、中古の羊毛皮のドテラを発見した。チベット語でチュパというそうだ。ネジやスプリングなどの車の部品を売る店にこんなのがあるとは。たぶん金に困ったチベット人が代金代わりに置いていったものだろう。

サラ族のおやじは最初三百元（三千六百円）とふっかけてきた。オレは臭いを嗅いで顔をしかめたり、破れや汚れを二十カ所も指摘したりして八十元（九百六十円）で手に入れた。これで今日からオレもチベット人だ。バスのチケットも人民料金で買えるし、公安が乗りこんできても外国人には見えないぞ。何事もファッションから入らんとな。

本物のチベット人家族が向こうからやってくる。もう、正直言ってビビッたね。

恐ぇー、臭ぇー、カッチョえぇー！

人民服が強制されなくなった中国の街で、彼らは明らかに異星からきたエイリアンだった。三人ともごっついチュパをはおり、おやじと息子は刃渡り三十センチはあるナイフを美しく彫金された鞘《さや》に入れている。奥さんは太陽光をプリズムに透かしたような極彩色のエプロンを下げ、トルコ石やサンゴを髪にじゃらじゃら飾っている。さっそく族長風のおやじに、ブロークン中国語で話しかけた。

「好你《ニィハオ》」(こんにちは)

赤銅色のおやじの顔は、サビついたロボットみたく動かない。巨大な毛皮の帽子から三つ編みにした髪が下がり、堅牢なほほと頑固な鼻のてっぺんが日焼けで白くむけている。

「恨冷阿《ヘンランア》」(寒いですね)

奥さんはおやじの陰にかくれ、切れ長の黒い目をしばたたかせている。ハンフリー・ボガートのようなフエルト帽をかぶった息子は、けげんそうににらむ。

オレはドレッドヘアーにサラ族のようなあごヒゲ、おかしな中国語、しかも垢まみれのチュパを着てマニ車を回している。

張りつめた沈黙の中、突然ムッツリ顔のおやじが爆笑した！

「パァ〜ッ！」

彼らは顔を見合わせて大笑いすると、立ちつくすオレを残して行っちまった。

ギコギコ、ギコギコ……マニ車だけが、むなしいきしみを上げて回っている。ひどいよ、ひどいよ、きっとチベット語でも「おまえの頭は、クルクルパー！」って意味なんだぜ(あとでわかったんだけど、〝ニョンパー〟は気が狂ったような聖者を愛情をこめて呼ぶ言葉だった)。

まるで大地そのものを受粉させるみたいに、夜明けの空を雪が舞う。汚れた生の痕跡を慈しみながらおおっていく。雪のひとひらをつかまえて手を開くと、涙を残して消えている。美はいつもオレの手のひらをすり抜けていく。

チュパを着こみ、マニ車を回しながら、バスターミナルに向かった。售票処《ショウピヤオチユー》で「ラサ」と叫ぶと服務員が何か言い返してきたが、チケットをたった三十元（三百六十円）で買えたうれしさに「ゴルムド」と言う声を聞きのがしてしまったらしい。

もちろんバスに暖房があるわけない。氷点下の野外と人いきれで窓は羽毛みたいな結晶におおわれていった。チュパの袖口でこすり、無人の荒野をながめる。琵琶湖の六倍以上もあるという青海湖《チンハイフー》が見えてきた。水面から立ち昇る靄《もや》がいっそう湖を幻に見せる。塩水湖のせいか湖畔の砂丘までが真っ白くゆらめいていた。

アイス・エージ……なんだか氷河期の地球って感じだな。

うとうとしかけた頭に都会の雑踏が浮かんでくる。それが無人の風景に重なり、二重映しされては消えていく。先カンブリア紀末、古生代末、第四紀洪積世……それは過去？　いや、未来の地球かもしれない。もうそこには、人間どころか生き物の影さえない。祭は終わり、眠りを邪魔するものはみんなみんないなくなった。大地はまっさらな産着《うぶぎ》にくるまり、いったいどんな夢を見ているんだろう？

大地が揺すられ、街は崩れ落ちる。炎の中を人々は逃げまどい、道路には黒こげの死体が投げ出されている。木造家屋の下敷きになったニッキをオレは必死に引っぱり出そうとするが、大きな本棚が持ち上がらない。ニッキは長いまつげの下から、オレの瞳をじっと見つめた。それから、

息子
あれは何だ？
ムッツリおやじ
奥さん

你好《ニーハオ》
マニ車
重し
チュパー
ニョンパー
(キ○ガイ)

ふっとせつなく微笑んだ。

揺れはますます激しくなり、崩れ落ちてきたコンクリートの塊がオレの背中を直撃する……ところで目覚めた。

サラ族の車掌がオレの腕を揺すぶり、背中をたたいている。もうバスの中には誰もいない。「ラサ？」と聞くと首をふり、「ゴルムド」と答えた。ゴルムドつったらラサ行きの出発点じゃないかよ。まんまとチベット人に化けて百三十元のチケットを三十元で買ったと思ったら、結局ゴルムドまでの正規料金だったんだ。

無愛想なコンクリート造りの駅舎を出て、ほこりっぽいアスファルト道路を歩いていく。中国政府が砂漠の中に無理矢理作った町だけに、殺伐を絵に描いたようなところだ。チベットへ陸路で向かう玄関のはずなのに、漢人しかいない。格爾木《ゴルムド》賓館の中にあるCITS（中国国際旅行社）に行っても、「十人以上の団体で、一人一日三百六元プラス交通費というツアーしかない」の一点張りだ。オレは赤鼻のねえちゃんの耳元でささやいた。

「闇バスがあるんでしょう？　その出発場所を教えてよ」

ねえちゃんはチュパを着た怪しい外国人をキッとにらみ、「没有《メイヨウ》！」と一喝した。

オレは街中をうろつきまわったが確かな情報は得られない。途方に暮れて夕食を食っていると、あのムッツリおやじが通りかかった。

「我要到拉薩去《ウオーヤオダオラサチユイ》」（私ラサ行きたい）

オレはすがりつくように、ノートとボールペンをさしだした。

「汽車駅在哪儿《チーチオジャンツァイナール》？」（バスターミナルはどこですか？）

ムッツリおやじはチュパの右袖からゆっくり手を出した。鋼《はがね》のような指にボールペンは不似合いだったが、直線だけの地図を描いてくれた。

「謝謝《シエシエ》」

オレの握手を無視して、ムッツリおやじは歩き去った。まるで釣鐘みたいなうしろ姿だ。オレは少しだけこのおやじが好きになった。


夜明け前から荷物をまとめ、直線地図を頼りに歩き出した。ただでさえ淋しい町なのに、道を聞けるような人もいない。吠えたてている野良犬を石で追い払うと、「こんなところまで来て、何やってんだろう？」と弱気になってくる。

おまけにこの地図には目印がひとつもない。とにかく今のオレにできることは、ムッツリおやじがひいた直線を信じることだ。それ以外にチベットに通じる糸がない。どんなに細くても運命が導いてくれるのなら、オレはチベットにたどり着けるだろう。もし糸が切れたなら、それも運命だ。

もう二十分ほど歩いただろう。気のせいか、遠くから人のにぎわいが聞こえてくる。あれだ、あの崩れそうな石塀だ。オレは吹き寄せられる枯れ葉みたいに、かけ出していった。

塀の向こうはチベットだった！　まばゆいばかりの色彩が朝日を浴びて渦巻いていた。鮮やかな女たちのエプロン、男たちの派手な帽子、段ボールや大きなカゴは交易品だろう。

オレは售票処の人ごみをかき分け、ついに百三十元でラサ行きのチケットを手にした。やった、これで第一関門突破だ！

服務員が指さしたバスを見ると、「格爾木—拉薩」と書かれたベニヤ板が運転席にのっていた。ヒマーラヤの雪男イエティとでも戦ったのか、象牙色の塗装がはげたボディーには、さび止めペイントがかさぶたのようにはりついている。屋根の上には目いっぱい荷物が積み上げられ、オンボロネットがかぶせてある。オレは後部座席の窓際に陣どった。窓枠には吸殻がぎっしりとつめこまれ、ひびの入ったガラスには小さなすき間がある。

だんだんと乗客が増えてきた。出発を待つこと三時間。オレの不安を吹き飛ばすように、ムッツリおやじと家族が乗りこんできた。うれしくて手を振ったが、奥さんも息子もオレを見て笑っているばかり。おやじはあいかわらずムッツリしている。

やっと運転手が乗りこんできた。不敵な面構えの漢人だ。細くつり上がった目、つぶれた鼻、口の両側にだけ、うすいちょびヒゲが飛び出している。狡猾そうなサラ族の車掌が人数を数える。乗客のほとんどがチベット人、そして偽チベット人のオレ。干し肉とバター茶と羊の毛皮と垢と糞が混ぜかえされた臭いに圧倒されつつ、無事に出発した。

自分の選んだ席が、完全なミスチョイスだったことを思い知らされた。後輪の真上なので、大きいへこみを通ると体が浮く。そしてスポンジのつぶれた鉄パイプに着地するんだ。シートスペースは極端に狭く、腰をずらすと前の席にひざがつかえてしまう。しかも極めつきは、すきま風だ。

バスがゆっくりと停車する。フロントガラスの向こうには、踏切のような遮断機と小さな検問所が見えた。

ヤバイ！　ここで送り返された外国人は無数にいる。外国人を乗せた運転手やバス会社も処罰の対象となるから､見つかったら確実に降ろされるだろう。うしろに束ねたドレッドを背中につっこみ、毛糸の帽子を目深にかぶった。

オリーブ・グリーンの制服を着た公安が乗りこんできた。車掌が書類をさしだし、公安は退屈そうに目を通す。オレは公安と目が合わぬよう、盗み見をする。精悍な公安は書類から顔を上げると、乗客を見まわした。

獲物を狙う鷹の目だ！　チラッと目が合い、あわてて顔をふせる。足音が近づいてくる。全身の産毛《うぶげ》が逆立ち、わきの下に冷や汗がにじむ。やつはオレのパスポートを取り上げ、〃未開放地区侵入罪〃としてひきずり降ろすだろう。やるんなら早いとこやってくれ！　こんな風におびえて処刑を待つのはいやだ。

けたたましいエンジンの音に顔を上げると、そこに公安はいなかった。バスは全身を身震いさせると、よろよろ走り出した。検問所の遮断機をもとに戻している公安の姿が遠ざかっていく。オレは文字どおり胸をなで下ろし、第二関門を突破したことを知った。

チベット高原は西ヨーロッパとほぼ同じ面積をしめ、人間が子孫を残せる限界の土地と言われている。高度三〇〇〇メートルでは酸素が平地の三分の二になり、五〇〇〇メートルでは二分の一になる。標高四七六七メートルのクンルン峠でバスは止まった。

外には人家の明かりひとつ見えない。運転席の横の床を開けて車掌が工具をつっこんでいる。エンジンがストップしたらしい。

少しでも体を伸ばそうと外に出る。タラップを降りたとたん、粉雪がほほを打ちつけてきた。その痛みさえ一瞬で麻痺していくほどの恐ろしい寒さだ。磁石と温度計のついたキーホルダーは窓際でマイナス八度を示していたが、外気にさらしたとたん赤いラインは目に見えて下がっていった。

縮こまったチンポを無理矢理引っぱり出し、放尿する。霧散していくションベンは、不毛なスプリンクラーだ。吸いこむ空気が痛い。オレの意思とは関係なく、透明な鼻水が流れだす。バスに戻るころには、温度計はマイナス二一度を示していた。

息をつぐペースが速まってくる。心なしか心臓の音が聞こえる。こめかみが両側からプレス機にはさまれ、グイグイと締めつけられるみたいだ。

これがおそらく、最後にして最大の関門……高山病だ！

オレはただ、せまい座席にうずくまり、小刻みに痙攣《けいれん》していた。ときどき大きな震えが脊髄を走り、ピクッと背中を感電させる。すきま風が容赦なくしのびこみ、窓際の半身が麻痺しはじめた。落としたファンタグレープをふいているババチョフのうしろ姿がよぎる。左脳に転移したガンによって、右半身が使えなくなったババチョフ。蛇のような酸素マスクに飲みこまれそうになりながら、この世界と戦っていたんだ。空気がこんなにも貴重なものだなんて知らなかった。バババチョフとまったく同じ試練を、オレはくぐらなければならなかった。わざわざ真冬のチベットに来て、母親の苦しみを追体験しているオレは大バカもんだ。自分が死んだら、もともこもないじゃないか！

ドンッと肩をたたかれた。なんと、そこにはムッツリおやじが立っていた！

鋼の指がオレの腕をつかみ、有無を言わせぬ力で引っぱり上げる。引きずられるがまま彼の息子と奥さんの間に落とされた。おやじはムッツリしたまんま、オレの座席に座りこむ。

オレの頭は混乱していて、何が起こったのかわからない。もうろうとした意識の中に、ひとつの言葉が浮かんできた。それはオレがはじめて口にしたチベット語だった。

「トゥジェチェ」（ありがとう）

ゆっくりふりかえると、おやじはとろけるように笑った！

瞬間、オレをギシギシしめつけていた空気が変わった。横を見ると、奥さんが満面の笑みを浮かべ、息子が羊の干し肉をちぎってくれた。男たちがいっせいにふりむき、タバコを手渡しで送ってくれる。子供たちまでヨロヨロと歩いてきて、木ノ実をさしだす。彼らは中国語が話せても、漢字が読めない人が多い。オレは漢字が書けても、中国語が話せない。『地球の歩き方』のチベット語講座と身ぶり手ぶり、中国語を一切使わずに絵まで描いて会話した。

……守られている。

そう思った。誰も知り合いのない見知らぬ土地で、オレの孤独が手のひらに落ちた雪の結晶のように溶け出していった。

いつの間にか夜は明け、バスは何度もエンストをくりかえす。そのたびに漢人の運転手は村の食堂に入り、ゆっくりと中華料理を食う。オレは油っこい中華料理は食う気になれなかった。ムッツリおやじがオレを手招きする。奥さんがさし出した茶碗には、バター茶が湯気を立てていた。ヤク（高山牛）からとった乳脂を茶にとかし、塩を入れて飲む。奇妙な味だが、乾燥した唇がうるおいをとりもどし、体が内側から温まってくる。息子がバター茶の中に、麦を炒った粉をそそぎこむ。アカだらけの手でこね上げ、握ったものをくれた。これがチベット人の主食ツァンパだ。どう考えてもまずいこの麦粉団子が、弱った胃袋にすっと流れこむ。

オレはいつも、自分の体が持っている生存本能に驚かされる。この極限の高山に生きる準備を、すでに体ははじめていたんだ。

粗末な宿で朝をむかえた。軒の下の蜘蛛の巣が朝露をまとってきらめいている。こんなところにも生命の営みがある。もちろん餌食となる昆虫には恐ろしい罠だけど、もし運命がこんなに美しい罠だったら、喜んでからめとられてもいい。

エンストはしつこいくらい続き、オレたちはやっと漢人運転手の陰謀に気づきはじめる。やつは宿からのマージンをせしめるために、エンストをでっちあげていたんだ。

三時間もかけて食事をしている運転手を、ムッツリおやじの息子がクラクションを鳴らし、エンジンをふかして呼んだ。バスの中は大爆笑。なかなかステキなジョークだ。

運転手が血相を変えて飛びこんできた。運転手は息子のチュパをつかんでバスから引きずり降ろす。ムッツリおやじが立ち上がり、乗客たちも降りていった。息子の腕をつかんだ運転手をみんなが囲み抗議する。野次馬たちが群がり公安がやってくる。

これはいわゆる見せしめだ。たとえ乗客全員がチベット人だろうと、たったひとりの漢人運転手のうしろには、強大な中国政府軍が控えている。

息子は公安に挑みかかるように運転手の不正を告げた。しかし公安はもちろん漢人。チベット人の言葉など耳を貸すわけはない。このままだと息子は強制連行されてしまう。

はらわたから怒りが突き上げてきた。〝一杯のバター茶のためにこの運転手を殺してもいい！〟どうせ暴動になったらチベットへは入れないんだから、かまうもんか！　人ごみを押しのけてつっこんでいくと、異様な光景に足は止まった。

ムッツリおやじは息子の顔を思いっきりはり飛ばした‼　フエルト帽が撃墜されたＵＦＯみたいにオレの足もとに不時着した。おやじも毛皮の帽子をとって運転手に謝る。あっけにとられる息子の髪をわしづかみにし、グイッと謝らせた。

中国人にコビた臆病なチベット人……を、ムッツリおやじは演じていた。オレは見てしまったんだ。笑顔を作って謝るおやじの袖口から、鋼の拳《こぶし》がブルブル震えているのを！

中国軍の理不尽な占領、文化大革命による徹底的な破壊、それでもダライ・ラマは非暴力を貫く。こうしてチベット人は耐えてきたんだ。

やっとうす汚い自尊心が満足したのか、運転手は息子から手をはなした。公安が乗客や野次馬たちに叫ぶ。

「回去《フイチユイ》！」（もどれ！）

おやじは自ら負けることによって、勝った！　奥さんが涙を流して息子を抱きしめ、息子ははにかみながらもおやじに笑いかけた。乗客たちは喜びの言葉をかけながらバスに乗りこんでいく。本当の勇気とは、恥辱にまみれるのも恐れないことだ。オレは自分の青っちょろい正義感を恥じた。

標高五二三一メートルのタングラ峠を越える頃には、高熱で頭がもうろうとなってくる。峠には経文の彫りこまれたマニ石が積み上げられ、祈禱の文句が書きこまれた五色旗タルチョがはりめぐらされている。それは天空と大地をつなぐ龍だ。

元気をとりもどした息子から、馬が印刷された五センチ四方の紙束をわたされた。風の馬「ルンタ」という。ガタピシャの窓を開け、いっせいにルンタを放る。紺碧《こんぺき》の空に真っ白い紙が渦を巻く。

青空の割れ目から吹き出してくる雲と、大地からせり上がってくる山々を背景に、オレたち人間はあまりにもちっぽけだった。そう実感することは悲しいどころか、強烈な感謝の念を生む。ルンタがかける！

オレは風の馬にまたがって螺旋の道をのぼっていく。どこよりも高い高い大地から、この惑星を祝福するために。

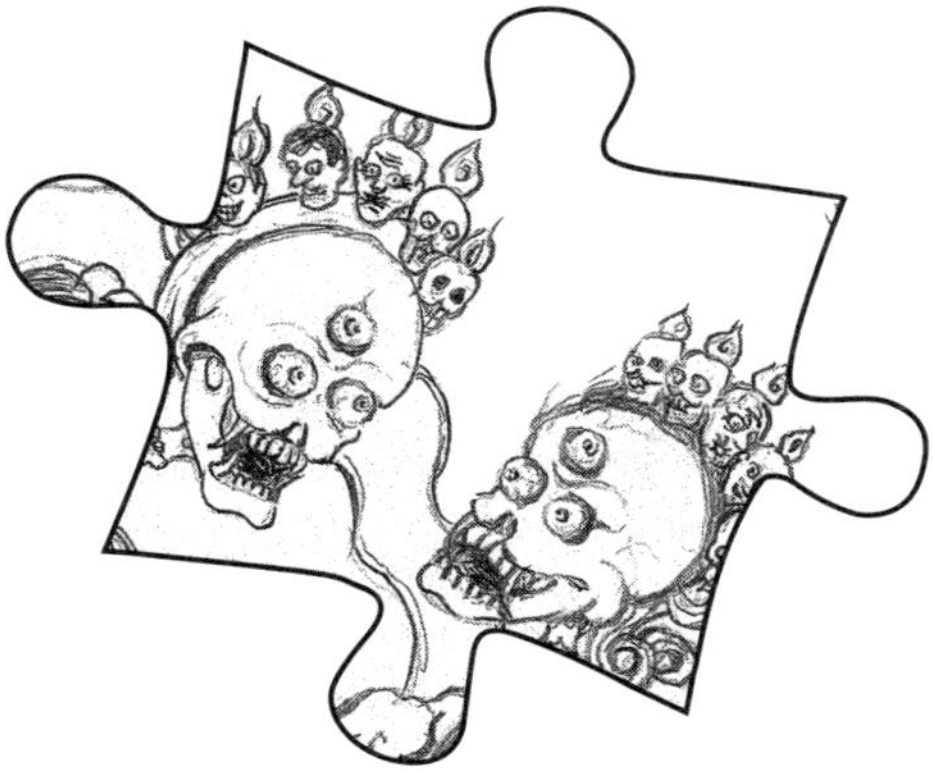

チベット

TIBET

ラサ

「チベット人のやさしさにふれました」なんて、なまやさしいもんじゃなく、実際にやつらはオレの命まで救ってくれたんだ。

富士山の頂上三七七六メートルより高い平均高度四五〇〇メートルの高地を七十時間も旅したら、病気にもなるよ。通常ゴルムド〜ラサ間は三十五時間一泊二日。それを、こんなぐあいに三泊四日、西寧〜ゴルムド間の二十時間も入れたら、九十時間のバス旅行だ。

真夜中の三時頃、ついにラサへと到着した。

ジョカン（大昭寺）の広場に乗客を降ろすと、バスは逃げるように行っちまった。チベット高原で比較的低いところにあるラサでさえ標高三六五〇メートルもある。オレは全身発熱で震え、自分がどこに着いたのかさえわからなかった。夜明けまでホテルは全部閉まっている。黄色い闇の中を乗客は散っていき、遠吠えが不気味にこだまする。野良犬たちの群れが我が物顔で支配する夜の世界だ。

ムッツリおやじと息子がオレを両側から支えてくれる。はりつめた意識がうすれていくのがわかる。彼らが数枚の絨毯を石畳に敷いたあと、中央にオレは倒れこんだ。三人がオレにかぶさるように体をくっつけ毛布をのせた。

『ネバー・クライ・ウルフ』とかいう映画で、凍死しかけている人間を狼がおおいかぶさって命を救う場面を見たことがある。それにしても**「朝、目が覚めたら生きていた」**って気づくなんて、とってもハッピーなことじゃないか！

「なんて青空だ！」

ヴァイオレット・ブルーに輝く真新しい鋼鉄、磨き抜かれたラピスラズリ。雲はおろか空気中に水分や排気ガスなどを含まないため、空はどこまでも高く、何よりも硬い。

命の恩人たちに別れを告げる。おぼえたてのチベット語で「カリシュー！（さよなら！）」と手を振ると、ムッツリおやじは「カリペー！（ゆっくり行きなさい！）」と笑った。


スノーランド・ホテルで仮眠をとってから、再びジョカンに行った。

この寺はチベットで最も由緒ある聖殿だ。七世紀のはじめにチベットを統一したソンツェン・ガムポ王のふたりの妃《きさき》が建立したと言われている。

白い建物の上部は赤茶色に塗られ、正面入口には赤い布がたれ、白布に仏画が刺《さ》されている。両わきにある巨大な香炉からは薫煙がもうもうと立ち昇る。塀の向こう側に植えられた柳には、髪の毛や髪飾りや櫛、キティちゃんのピン留めまでぶら下がっていた。

「オームマニペメフム、オームマニペメフム」

マントラを唱えながら老若男女が五体投地をくり返す。文字どおり全身を投げ出して仏に帰依するという、激しい祈りだ。両手を合わせ、頭上にかざし、口、胸ともっていき、前のめりに倒れる。倒れた自分の身長を一歩としてカイラスという聖山の麓を回ったり、聖地への道のりを巡礼する強者もいる。

　左手には二メートルもあるマニ車。人々はそれを回し、明るい中庭を過ぎて、薄暗い本堂へ入っていく。まったりとした臭いが鼻をつくのは、ヤクの脂肪でできた灯明のせいだ。

　過剰なまでにグロテスクでエロティックな神々がせまってくる。四つの顔に第三の目と十二本の腕を持つ憤怒神が、女神の両足を持ち上げ、立ったままファックしている。女神ダーキニーは無数の生首をぶら下げ、生き血をたたえたどくろ杯を持って踊っている。水牛の魔神、馬頭神、如来のまわりを浮遊する菩薩《ぼさつ》たち。

　不気味な神殿の奥で、黄金の釈迦牟尼《しやかむに》像が輝いている。高価なトルコ石やサンゴで彩られた十二歳のブッダは、他を圧倒する。カターと呼ばれる白絹をかけながら、釈迦牟尼像のひざに頭をこすりつけて拝む老婆の肩は震え、泣いているようにも見える。千三百年にも及ぶ人々の想念が、この像をイマジネーションの共振装置に変えていた。

　……まるで、狂人の夢の中に入りこんでしまったようだ。

　これらの神々は狂気そのものに思える。いや待てよ、彼らにとっては宇宙との共振を頑なに拒み続けるオレたちの方が狂っているのかもしれない。

　バルコル（八角街）を一周する。バルコルは、ジョカンをぐるりととりまく商店街だ。たとえるなら浅草寺の仲見世通りって感じかな。チベットの女の子にはヨダレもんのトルコ石や、サンゴ、銀細工のアクセサリー、ヤクの毛で織られた色鮮やかなエプロン、象牙のブレスレット、金メッキの宝箱。男たちには見事な装飾の施されたナイフ、金糸の帽子、プラスチックのサングラス、洋物のシャツ。仏具では、バスからまかれた風の馬ルンタ、エレキ仏壇に匹敵するマニ車、仏像にかける白絹カター、曼陀羅や神々を描いた掛け軸タンカ、五色の旗タルチョ、経文の彫られたマニ石、教典の木版、インセンス、小さなシンバルのティンシャ、太鼓のンガなど、あらゆる物がそろっている。

中でもオレが探していたのは、人間の頭蓋骨でできたどくろ杯と大腿骨でできた笛カンリンだ。オレは隅から隅まで探し回り、三つのどくろ杯と三本のカンリンを手に入れた。ちなみに値段は物や店によってまちまちだが、ひとつのどくろ杯が約二千円、一本のカンリンが約千円といったところだ。その後「リサイクル曼陀羅」という個展でもうひとつずつ必要になったので、友人にネパールで買ってきてもらったが、どくろ杯が六千円、カンリンが四千円だった。

店の主人が「これだけは売れない」と念を押して見せてくれたものがあった。金糸の座布団にのせられた頭頂骨には、直径三ミリほどの穴があいている。穴の縁がうすくすり減っていて、ドリルなどで細工されたものとは明らかにちがう。ポアという瞑想法によって、頭頂から意識を転移させることができる高僧のどくろ杯だ。高僧は鳥葬ではなく火葬にされるので、このようなどくろ杯は非常に珍しいという。

店の主人の話では、この僧は三百キロも離れているデプン寺とタシルンポ寺で同時に目撃されたり、村人のたのみで放牧馬を一瞬のうちに山頂に上げたという。ホントかよ？　こんな話をチベット人は当たり前のように話す。瞑想によって体温を一〇度以上も上昇させたり、遠隔地の病人を心霊治療で治したりするのは学者たちの間でも確認されている。トデンという修行をつんだ者は七日間部屋にこもり肉体を消失させてしまう。衣服と髪と爪だけを残して身体は宇宙の五大元素に還《かえ》るのだという。ここチベットでは、オレたちの常識などはるか下方に乗りこえられてしまっている。

物のないデパートをひやかしながら歩いていると、いきなり巨大な怪物が立ち上がった。

……ポタラ宮だ。

たかが十三階建てのマンションじゃんと思っていたオレの予想は、あっけなく吹っ飛ばされる。高山病の蜃気楼？　と思えるくらい、異様な風景だった。怪物は濃紅色の頭部にたくさんの角を生やし、真っ白い胴体の上から、ラサを、チベットを、いや世界をにらむ！

屋上からはラサ市街が一望できる。

えーと、あれがジョカンだから、スノーランド・ホテルはあそこだ。ここからダライ・ラマの居室に入れるんだけど、主人は不在だ。幼少の頃のダライ・ラマはここに望遠鏡をすえて、人々の営みを観察していたという。とんだピーピング・トム（のぞき屋）だ。

一九三三年、ダライ・ラマ十三世が死んだ。南枕に安置されていた遺体がひとりでに北東を向いていたり、ラモイラツォ湖に浮かぶ文字や、三階建ての僧院と、丘に続く道とへんてこな樋《とい》のある家を摂政が幻視した。それらのヴィジョンと完全に一致する農家を、ついにアムド地方のタクシェ村に発見する。その幼児は身分を伏せたセラ寺の高僧《ラマ》をいきなり「セラ・ラマ」と呼んで驚かせる。ダライ・ラマ十三世の遺品といっしょに偽物を並べると、幼児は正確に本物を選び出した。しかも「これボクんだ！」と言いながら。こうして三九年、四歳のテンジン・ギャツォはダライ・ラマ十四世に即位する。

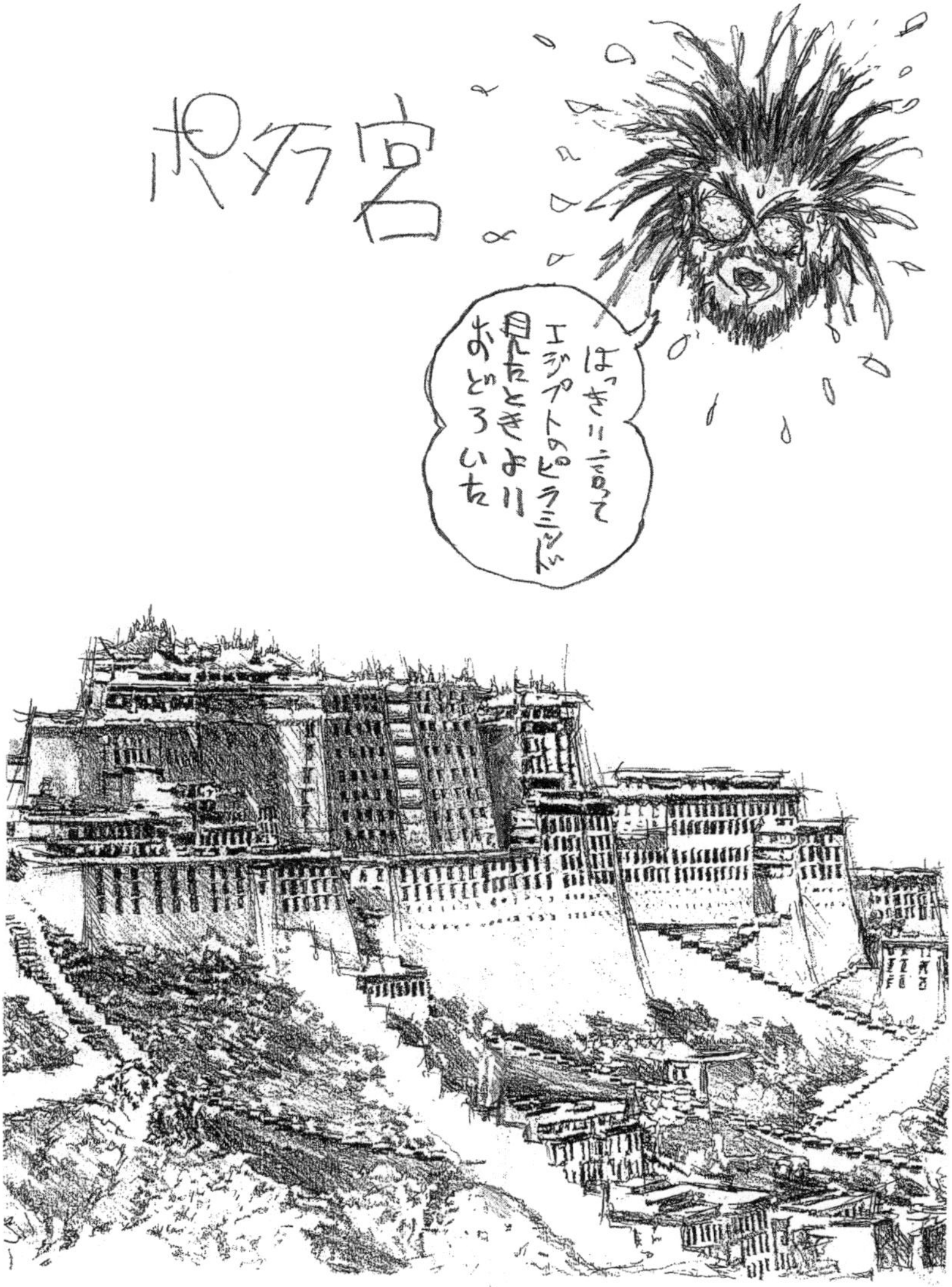
ポタラ宮
はっきり言って
エジプトのピラミッド
見たときより
おどろいた

チベットは八百年もの間、軍隊にたよらず国を守ってきた。一九四九年、中国はチベットを領土の一部と宣言し、五〇年から人民解放軍を進駐させた。

五九年三月、ラサでの大暴動で二十四歳だったダライ・ラマ十四世はチベットを追われ、インドへの亡命を余儀なくされた。そのとき十万人ものチベット人が彼を慕って、徒歩で国境を越えていったという。寒さと飢えでたくさんの犠牲者が出た。

ダライ・ラマという観自在菩薩を失った宮殿は天空から切り離され、死者たちの重みで地にめりこみそうだ。

北京東路との角にあるタシ・レストランへ向かう。タシは美味しい料理と面倒見のよさで、旅行者から〝ラサの母〟と呼ばれている。オレはチャガモ（スウィート・ティー）を注文してから、ゆっくりベーコン・エッグとトーストを食べる。最後はオリジナルのヨーグルトだ。

「ねえタシ、この辺に鳥葬を見れるとこない？」

「ラサ近辺の鳥葬場は無理ね。それというのも、あなたたち外国人ツーリストのせいなの。遺族やお坊さんに許可もなしに写真を撮ったり、藪の中から盗み見したりしたの。彼らは石を投げつけられて、犬みたくに追い払われたわ」

「そうか、やっぱりダメか……」

「そうそう、赤いもみあげのアメリカ人が、東の方にある鳥葬場へ行くとか言ってたわよ」

「赤いもみあげのアメリカ人？」

タシはいたずらっぽく微笑むと、そのままキッチンに入っていってしまった。

オレはラサ中を徘徊しつくした。市場、闇市、ノルブリンカ、うらぶれた動物園、タクラ・ルプク寺、龍神殿、モスレムの清真寺《カチエラカン》、キ川《チュ》の中州、セラ寺、『風馬《ルンタ》の燿き』を書いたザシダワを探しに行った西蔵大学。会う人ごとに鳥葬のことを聞いたが、正確な情報を得ることはできなかった。

ある日オレがヨーグルト定食を食っていると、がっしりとしたシルエットが戸口をおおった。逆光に透かされた顔の両側が、オレンジ色にきらめいている。タシはオレにウィンクすると、クスッて笑った。

赤い、たしかに赤いもみあげが、ボサボサ頭からニュッと二本つき出している。その形に青森の下北半島を思いだし、オレもクスッて笑う。四人掛けのテーブルにいたオレは、立ち上がって彼を招いた。スエードのカウボーイ・ジャケットから、襟のでかいウエスタン・シャツが折り返されている。裾をほどいたベルボトム・ジーンズに、ボロボロのレッド・ウィング。赤いもみあげ男は思慮深そうに微笑むと、オレの目の前に座った。

「もう、鳥葬に行ってきたの?」

「どうしてそれを? いや……明日にでも出発しようと思っているんです」

男はまぶしそうに目をしばたたかせたが、読心術を使う東洋人に降参したようだ。

「オレもラサを見つくしちゃって。いっしょに行ってもいいかな?」

男は眉間にしわをよせ熟考しているかと思うと、大きくあくびをした。ネコがケンカをしてるとちゅうで通りがかった蝶にじゃれついてしまう、そんな印象だ。

「ぼくもひとりで行くのは、少々心細かったんです」

やったー！　性格は謎だが、鳥葬へと導いてくれる恩人だ。オレは目の前の男に手を合わせた。

「サルヴァドールといいます。サルと呼んでください。アラスカで漁師をしていますが、あなたと同じ仏教徒です」

仏教徒というよりも、野生化したプレスリー……そんな言葉がぴったりだった。


厳密に言うと、高山病はチベットを去るまで完治することはない。はじめ三九度あった熱は決して平熱にはもどらず、朝には三七度に下がるものの、多少きつい運動をするとすぐ三七・五度から三八度くらいに上がってしまう。

二階の部屋にいたイタリア人の夫婦は、成都から飛行機でラサ入りしたんだけど飛行機も体の準備ができないため高山病にかかりやすい。まあ、これも人によってだけどね。ふたりとも一週間寝こんだまんま、どこにも出かけられずに帰っちまった。

だいいち一日の気温の差が激しすぎる。昼間の最高気温は二〇度くらい。なにしろ雲ひとつない直射日光なもんで、屋上で日光浴もできるんだ。夜の最低気温はマイナス二〇度。あまりの寒さにベッドにもぐりこみ、腕だけ出してこれを書いている。

オレは大量のろうそくを買いこみ、三十本ほど部屋中に灯した。一見ロマンチックなクリスマスにも思えたが、八つ墓村の呪術師にも見える。こりゃあけっこう暖かいと思ったら、部屋中が煤だらけになって禁止されてしまった。

明日は出発だというのに、すごい寒気がする。風邪を併発して鼻水が止まらない。ちり紙を鼻につめ、頭まで寝袋にもぐりこんだ。

Salvador
仏教用語
空《クー》
一見マルボロのCMにでも出てきそうだが何も考えてない
しゃべらないと

朝十時、ローカルのバス停からオレたちは出発した。

六時間ほどバスに揺られて、中継地点のメドコンガに一晩泊まることにする。メインストリートが五十メートルほどしかない小さな村で情報を集めてまわった。サルは中国語もチベット語もまったくできないし、おぼえようともしない。英語圏によくいる、英語＝世界言語と思いこんでいるタイプだ。まあ、仏教徒スマイルがあるだけましだけどね。

メドコンガには中華料理屋が一軒あったが、小さなチベット料理屋に入った。「おばちゃん、ラーメンと餃子！」思わず、こう注文したくなる。チベット餃子モーモーは、厚めの皮に羊の挽き肉が入っている。蒸したての大きいやつが五個と、スープ付で二元（二十四円）くらい。トゥクパの麺はうどんに近いけど、そのポピュラーさから言ってラーメン的存在だ。ここで三度目の確認をとったが、ディグンティへ行くバスは翌朝の八時発だ。ところがなんと、バスは七時に出ちまった。

サルは必死に追いかける。とても人間とは思えない力走だ！

バックミラーに向かって必死に手を振るが、窓から顔を出した乗客が笑顔で手を振りかえす。よく子供が手を振りながらバスを追いかけたりするので、遊んでいるように見えたのか？　必死の形相で追っかけてくる野人に恐れをなしたか？　力走むなしく距離はだんだん開いていく。

二百メートルも走っただろう。遠く立ちのぼる砂煙からもどったサルのもみあげは、大雪に見舞われた下北半島になっていた。仏教徒スマイルを気の荒いアラスカ漁師に一変させ、プレスリーはついに野生化した。

「さわるな、この酔っぱらい！」

きのうは「聖人だ！」といってパンをやっていたコジキをののしり、野良犬を「ビッチ！　ビッチ！」とけとばしている。

Bitchって、あばずれ女って意味だけど、もともとはメス犬っていう意味なんだ。サルは、警察犬に向かって「この、警察の犬め！」とか、尼さんに「このアマ！」とののしっているようなもんだ。

やっと運送トラックが、オレたちを拾ってくれた。山積みの穀物の上に七、八人がしがみついている。舗装もされていない乾燥地帯を行くもんで、タオルを巻いても口の中までジャリジャリだ。途中の村で、大きな荷物とブリキの筒を持った娘が三人乗りこんできた。寄りそうように毛布をかぶって砂埃を防いでいる。岩山にはりつくキングコングのようなサルの姿も笑えない。オレだってバックミラーを見たら、縄文の遮光器土偶みたくなっていた。

キチュ渓谷の底をメド川に沿って進む。ハゲ山の中腹に一軒だけ家があったりするんだけど、あんなところに人が住めるのかなあ？　炊事の煙が上がっているから、やっぱり住んでいるんだろう。ぽつりぽつり、ごま塩のような点はヤクだ。高山に住む毛の長い牛ヤクを、チベット人は長い年月をかけて飼いならしてきた。去勢されたヤクはおとなしくなり、荷物を運んだり、畑を耕したり、糞は乾燥させて燃料になり、しぼった乳からバターやチーズが作られ、長い毛から服やテントが織られ、肉や内臓はすべて食料になり、皮は靴やバッグや船まで作られるという。

この世に存在する物すべてに無駄はないというチベット人はリサイクルの達人だ。土に還る物以外は作らない。

ディグンティ

甘かった。

オレもはじめは鳥葬を、ホラー映画でも見に行くように気楽に考えていた。しかし実際それを目の当たりにしたとたん、巨大な何かと接続されちまったんだ。


チベット人のひとりがオレの袖をひっぱり、無邪気な笑顔で山を指す。

「ディグンティ」

おいおい、そんなにまでして重力に逆らって、天に近づきたいのかよ？　その寺は山のはるかな中腹にあって、急斜面を小道がジグザグに走っている。

トラックをおりて歩き出したとたん、足がふらつく。小道にはりつくように登っていくけど、体がいうことをきいてくれない。理屈では高度が増すと引力が小さくなるから、重力は小さくなるはずだ。ところが意識は遠心力で遠ざかり、身体は引力で大地にめりこみそうだ。オレがあんまり遅いから、あくびをしながらサルが待っている。

「心配かけないように黙っていたけど、高山病で熱があるんだ。オレのことはだいじょうぶだから、気にせず先に行ってくれ」

サルはまじめな顔でうなずくと、スッタカターッて行っちまった。

途方に暮れるオレの目の前に、にゅっとエントツが現れた。昔なつかしいブリキのTの字タイプだ。

な、なんだこれは？　なぜ今、エントツなんだ？

顔を上げると三人のかわいらしい娘たちが立っていた。黒いチュパに三つ編みを下げて、鯉の絵柄のスカーフや鹿の機械編みが入ったニット帽やタータンチェックのリボンがついた麦わら帽子をかぶっている。鯉のスカーフの娘は家族にたのまれ、近くの町でエントツを買ってきたらしい。エントツは空気を循環させてくれる。煙は空に昇って雨雲になり、家の中は煤だらけにならずに食事を作れる。最新テクノロジーTの字エントツは見た目は大きく、実は軽い。それを知った上で、彼女は荷物を持ち替えてくれたんだ。

ひとりが有無を言わせずオレのリュックをひったくり、軽々とかつぎ上げた。残りの荷物をふたりが手分けして、オレはエントツ……オレの遠慮を拒絶するのと、男のプライドを気づかった思いやりだった。

娘たちは無言で前を行く。ひんやりとしたブリキの筒がだんだんぬくもってくる。チベット人はむやみに笑顔をふりまかないが、本当に困ったときには必ず手をさしのべてくれる。この高貴な恥じらいはオレが出会ってきたアイヌやインディアンや世界中の先住民族にも共通する、血の礼儀作法だ。もしかするとオレたちの血は記憶喪失を起こしているのかもしれない。

鯉のスカーフが叫ぶと、鹿のニット帽と麦わら帽子も荷物を放りだした。「熊でも出たのか？」とビビるオレをおき去って、岩の湧き水へわあっとかけ出す。手招きされてオレがよってくと、ふざけて水を引っかけてくる。日焼けした顔に真っ白い歯が光った。彼女たちがはじめて見せたステキな笑顔だ。オレがエントツをふりかざして追っかけると、娘たちはキャーキャー笑いながら逃げまわる。

「なぁーんだ、ふつうの女の子じゃないか」

「あんたこそ、こんなに元気あんじゃない」なんてことを、目で会話した。

切れるくらいに透明な雪解け水で顔を洗う。砂埃が泥水となって流れ落ち、頭の中の霧がスゥーッとひいてゆく。

飲む、飲む、飲む！　氷のナイフが奥歯をふるわせ、喉を落下する。

オレは彼女たちの陽に焼けたほほを一万回のＫｉｓｓで埋めたかったけど、代わりに雨を降らせた。娘たちの上に、不毛の土地に、わずかばかりの感謝のＫｉｓｓだ。両手に躍る水をすくって、投げ上げる！　水滴は青空に吸いこまれ、中空でクルルルッてきらめくと、彼女たちの愛らしいほほに舞い降りていった。

娘たちが指ししめす先に寺があった。いつのまにこんなに来ていたんだろう。愛着のわいたエントツをかえし、自分のリュックを受けとる。娘たちは反対の坂を登っていった。目の前にせまってくる寺への道を、オレは休まず歩き続けた。

「や〜い、エントツ野郎〜！」

娘たちの呼び声にふりむくと、岩山の上から手を振っている。うわっ、あれがやつらのペースだったんだ。

石灰で塗られた壁越しに、寺院の入口が見えてきた。白と朱塗りの建物に原色の垂れ布がはためいている。僧たちが炊事場に案内してくれた。窓から斜めに射しこむ光線の中を埃が無重力遊泳している。たくさんの巡礼者たちが湯気のたちのぼる椀《わん》を抱え、サルが、なんとウィスキーをあおっているではないか！

神聖なお寺で酒飲んでいいのかよって感じだが、こんなへき地までやって来てくれる巡礼者のためだろう。中国政府の援助など期待できないし、巡礼者の寄付は大事な資金源だ。

石を積み上げたかまどの大鍋から羊肉のスープを受けとり、竹箸ですくう。おおっ、野菜の貴重なチベットで大根とは豪勢な。苦みばしった水気が口いっぱいにはぜる。これが独特の臭みのある羊の肉とよく合う。

ウィスキーのビンの中に入っていたのは、チベットの地酒チャンだった。勧《すす》められるがままに一気にあおる！　ドブロクっぽい酸味とビールの清涼感がイケる。胃の中にほんのりと火がともり、やがて嘔吐感に変わっていく。高山病でフラフラなところへアルコールとは、自殺行為だ。オレは炊事場を飛び出すと、まさに火炎龍のごとく吐いた。オレのゲロに飢えた犬たちが群がり、一瞬でリサイクルしてしまった。

気がつくと二人の僧に抱えられ、寺の医務室に運びこまれる。若いアムチ（僧医）が脈をとる、チベット医学独特の方法だ。ときには遠方で病床にふせる父親の診断を、息子の脈から読みとったりしちゃう。最初からチベット医学は、肉体だけの救済を目的としていないんだ。肉体、精神、魂が、全宇宙との関係の中で救われて、はじめて癒しが成就するという。

――人はみな、生まれながらに病んでいる――

永遠にくりかえされる輪廻から解脱することができるまで、無明の中を病と共に生きねばならない。西洋医学の局所治療とは対照的に、病気をだまし、飼いならす。死でさえも今世と来世の中間世と見定めるチベット思想は、病気さえ生命を活性化させる味方につけてしまうんだ。
オレは『地球の歩き方』からもぎとった「旅のチベット語講座」をアムチにわたした。
ミィタるニィなんろーナん（二メートルください）
ツゥシィシェンダーナんろーナん（別の色がありますか？）
コーんテェッチャーたん（安くしてよ）
ちがーう！　次のページですよ。ほら、ここの「高山病」。
サチャトボイナツァインギれ（高山病みたいです）
スクポるツァワドゥ（体が熱いです）
キュクキューネエらッシーバナンシンドウ（吐き気がして、まるで酔っぱらったようです）
アムチは怪しげな黒い丸薬をオレにわたした。
チベットには僧侶たちによってさまざまな薬草から調合されたメンドクと呼ばれる薬がある。その生薬のなかでもダライ・ラマの便は万能薬として重宝されていた。
ここっこれが、うわさに聞いた幻の秘薬ダライ・ラマのウンコか！？
オレは壁に掛かっているダライ・ラマのポスターを指し、次にしゃがんでウンコ・ポーズをとり、それから舌の丸薬を指さした。
オレは熱い視線で答を待っている。
もう一度、壁に掛かっているダライ・ラマのポスターを指し、次にしゃがんでウンコ・ポーズをとり、それから舌の丸薬を指さした。

アムチは重大な秘密を暴《あば》かれ、動揺しているようにも見える。

オレはしつこく、壁に掛かっているダライ・ラマのポスターを指し、次にしゃがんでウンコ・ポーズをとり、それから舌の丸薬を指さした。

必死に答を待っているオレの視線をさえぎるように、アムチは湯飲みをつきだした。

「遊んでないで、早く飲め」


次の朝、熱は三七度に下がっていた。やっぱり本物だったのかもしれない。

サルに呼ばれて窓際に行くと、二十人ほどの若い僧が縄でまかれたセメント袋を囲んで経を唱えている。

「The dead」

サルの真剣な表情と、アクビしながら経を読む坊さんたちが対照的だ。それが終わると五人ほどの一行は死体のはいったセメント袋をかつぎ、山腹にある鳥葬場へと出発した。オレたちは中国語が読める坊さんに通訳してもらい、遺族の人から見学の許可を得た。

紺碧の空を背景に、黄、緑、赤、白、青の旗が音を立てて振動している。タルチョだ。空を見上げると黒い十字架、無数の鷲が旋回している。

結界をくぐった広場の中央には、直径五、六メートルほどの円形に石が組まれている。これが死体をさばくまな板でもあり、鳥たちのダイニングテーブル、使い捨てられた肉体の乗りかえ駅、天へ飛び立つ滑走路、そして死という廃棄物を生に転化させるリサイクルセンターだ！

二人の僧は、リサイクルセンターの職員であり、解体屋であり、コックさんであり、飼育係であり、シャーマンであり、生きた人間でもある。

もと人間は石のテーブルに転がされ、布をはがされる。魂の乗り物として使い捨てられた死体は、奇妙な安らぎに包まれていた。がっしりとした肉体は男だ。青年なのか老人なのか定かではない。「死に年齢はない」そんな言葉を思い出す。焚きこめた香木に混じって、生肉の腐臭がムンッと鼻をつく。ババチョフのベッドで嗅いだ、甘酸っぱい匂いに似ていた。

青白い太ももにカギが打ちこまれると、黒い血がネットリとたれた。心臓が素手で握りつぶされ、思わず目をそむける。

おまえは何をしにこんなところまで来たんだ？　生は死を養分にして育つ。それを知りたかったはずだ。見なくちゃいけない！　見るためにおまえは、今ここにいるんだ。

目が反射的に、空を求めた。雲ひとつない無限の青。どんな恐怖にも、どんな美しさにも傷のつかない、この青空のような目ん玉が欲しかった。

おちろ、落ちろ、堕ちろ！　そして目覚めろ‼

視界が目の前に広がる現実へと落下してく。ギリギリの重力でつなぎ止められた命の循環が、いくら目をそらそうとも絶対的に逃れることはできない生と死の鎖が……そこにあった。

とうもろこしのような黄色い脂肪の下に、真っ赤な生肉がせり上がってくる。若い僧は刺身包丁のようなナイフで、足の裏、ふくらはぎ、太ももの肉をそいでく。老僧はいくぶん太めのナイフで、手の甲、肩の肉、肋骨のつなぎ目を開いてゆく。鷲たちのために、いや死者のためにも、ついばみやすく、飲みこみやすく、消化しやすく調理してやるんだ。自分と同じ形をしていた人体がスルスルとほどけ、祝福された供物《くもつ》となる。他者の死をむさぼり食って生かされていた肉体

これから君は
大空へと旅立つ

が、他者の命を育むために大いなる循環へと還っていく。

オレは三人の老婆アシスタントといっしょに両手を広げ、ぬけがけをしようと狙う鷲たちをせき止めている。人肉を主食に生きる鷲の群れは、オレの目の前三十センチでよだれに濡れた嘴《くちばし》をヌラヌラ光らす。オレは目ん玉をつっつかれないよう、緊張する。

食前の風景は欲望に満ちている。

こんなにも強烈に、こんなにも激しく求められるなんて……幸せなことだ。いったいオレたちの何人が、生前こんなに欲されることがあっただろう?

全身全霊をこめて、欲す!

「ショショショーッ!」(来い来い来い!)

老僧が鳥たちに合図する。この完璧なコミュニケーション。オレのわきを何十羽の鷲たちが、我先にかすめてく。

眼窩《がんか》に鋭い嘴がつき立てられ、腸が蛇のように引きずり出される。肉片が飛び散り、血に染まった羽毛が宙を舞う。かき分け、押しのけ、食いちぎる!

食事の風景は愛に満ちている。

こんなにも強引に、こんなにも狂おしく奪われるなんて……幸せなことだ。いったいオレたちの何人が、生前こんなに愛されることがあっただろう?

欲することは奪うことだ。奪う!

ひととおり肉塊を食べ終わったところで、老僧が包丁を振り上げて鳥たちを追っぱらった。桃色の肉片をこびりつかせた人骨が身を横たえている。それはヌラヌラと脂ぎって、エロティックとさえ言えるオブジェだった。

僧は散らばった骨をかき集め、頭蓋骨と大腿骨の美しさをチェックする。合格した頭蓋骨はオレが買ったどくろ杯に、大腿骨は笛になる。まだ肉がへばりついている骨を石斧で砕き、小麦粉と混ぜ、ミンチを作る。カルシウム満点の人肉ハンバーグだ。

頭蓋から桃灰色《とうはいしょく》の脳が取り出される。それは水をつめた風船のようにたよりない。数千兆にものぼるニューロンネットワークを持っていたバイオコンピューターが、千四百五十グラムの脂質と蛋白質のたんなる食材に変わっちゃうんだぜ！　いったいだれが、なんのために、こんなもんを作りだし、操作し、捨てていったんだ？　操られた男の人生の記憶はどこへ行ったんだ？　少なくとも鷲たちが再び襲いかかったカニ味噌ならぬ、ヒト味噌の中にはないだろう。

祭壇は、一片の食べ残しさえないように片づいた。

鷲たちは巨大な翼を羽ばたかせ、空気を内に巻きこむ。頑強な嘴を上空へそらし、鋭い爪が大地をける。激しくそして緩やかに重力を手なずけ、ぐんぐん高度を上げていく。生身の肉体が象徴へ変わる一瞬だ。青いキャンヴァスに黒い十字が吸いこまれていく。

ほら君は今、大空を舞っている。君が痛みと快感でさんざん酷使した肉体は、鷲たちの胃袋の中だ。不毛の大地に縛られていた君の体は、こんなに自由に、こんなに堂々と旋回する。

いまだに地面に縛られているオレの目の前に、爆弾が、消化された君が、**ひとつぶの……クソになって、降ってきた。**

テドム

夜が夕日のてっぺんから落っこってくるように、あんまりおかしすぎると涙が出る。

朝が暗闇の底からせりあがってくるように、あんまり悲しすぎると笑ってしまう。

地獄のとなりにゃ、極楽があった。


「ここから二キロほど北西に行ったところに温泉があります。テドムという山間の村です」

身も心もボロボロになっていたオレは、これを聞いて飛び上がった。食欲や性欲よりも、温泉浴だ。

「行くぞーっ、サル！　たとえどんなに止めようと、無駄だからな。オレは温泉に入ってから死ぬ。もう決めたもんね」

オレの血走った目にビビりながらサルは言った。

「だ、誰も止めませんよ。その温泉は高山病にもいいそうです。おまけに温泉宿で世話をしてくれるのは、若い尼さんたちらしいですよ」

巡礼トラックでショートー渓谷を北上すると、わずか三十分でテドムに到着した。ライムストーンの山肌をまだらに雪が化粧する。急勾配《こうばい》の谷間には石積みの家々がよりそっている。ディグンティの真珠と呼ばれる美しい村だ。ここはチベット密教の祖、パドマサンバヴァ（グル・リンポチェ）が行《ぎょう》をつんだという洞窟などさまざまな伝説が残されている。谷底を洗う川のほとりから湯けむりが立ちのぼる。ここから雲が湧き出して天に昇っていくように幻想的な風景だ。

小さな招待所には、ふたりの若い尼さんが働いていた。ワインレッドの僧衣に身を包み、スキンヘッドに毛糸の帽子をかぶっている。年下の方は、あかぎれホッペに大きな黒目がとっても人なつこい。年上の方は、長身で細い切れ長の目をしている。落ちついた物腰と細やかな心遣いが、お姉さんって感じだ。オレたちは勝手にあだ名をつけて、あかぎれアイドル《チャップス》と細目モデル《ナロー》って呼ぶことにした。

温泉から五メートルくらいの、一番近い部屋をもらった。外で着替えると寒いし、置いておいた服も冷えるだろう。オレとサルは部屋の中で服を脱ぎ、素っ裸で外へ飛び出した。

「ウ、ウォーッ！」

爆音とともに巨大な水しぶきの中に沈みこむ。

溶けていく、溶けていく、曼陀羅も鳥葬もダライ・ラマも。溶けていく、溶けていく、病も死も再生も。溶けていく、溶けていく、神々のヴァギナへ、大地の羊水の中へ。

温泉猿は安全剃刀《かみそり》で自慢のもみあげをそろえている。

「なんで我々が温泉好きなのか、わかりますか？」

「日本は世界一の火山列島、つまり温泉列島なわけ。アラスカをふくめた環太平洋火山帯の民族はいっしょさ。だから火の民族の記憶なんじゃないの」

「ふっふっふ、その説じゃ人類全体に応用できませんね。ぼくの『温泉起源論』をご紹介しましよう」

鏡がないのでもみあげの長さがちがってる。でも、おもしろいから教えない。

「原始の地球は火の玉だったんです。水蒸大気が雨を降らせ、海ができあがりました。三十六億年前、海水中の二酸化炭素やメタンが結びついて地球最初の細胞エオサイツが生まれました。つまり生命は、煮えたぎる硫黄温泉で誕生したのです。エオサイツの直系の子孫である我々が温泉好きなのは当然でしょう？」

サルは左のもみあげを剃りすぎて、下北半島と津軽半島のようになっちまった。


近所にも噂が広がったらしい。部屋から裸で飛び出してくる男たちを見ようと、崖の上で尼さんたちがズラッと並んで待っている。飛び出した瞬間、歓声が起こる。

「マーカンガパレ！」（裸族よ！）

第一発見者が叫び声を上げ、しゃがんでいた尼さんが立ち上がり、感嘆や笑いや冷やかしを投げかける。オレは恥ずかしいもんだから、よけい全力疾走で石段をかけ下りていく。一度、段を踏みはずし転がったときのどよめきといったらなかった。

逆襲にアニ・ゴンパ（アニ＝尼、ゴンパ＝寺）を見学に行った。

アニ・ゴンパには五歳くらいの女の子から、九十歳くらいのおばあちゃんまで、女の一生博覧会だ。朝から晩までお経をあげて、質素な食事に満足している。なんかこう書くと、牢獄みたいな人生なんて思ってしまいそうだけど、むっちゃ明るいんだ。自分が不幸だなんて思っているやつは、きっとひとりもいないぜ。

オレたちみたく欲のおもむくままにＳＥＸや物質を求め続け、他人と自分を比べ続けていたら、いつまでたっても満足は得られないだろう。彼女たちの人生とオレたちの人生が、どっちが幸せかなんて誰にもわかんない。

入って左手に六道界をあらわした曼陀羅がある。六道輪廻から解脱できれば、声聞《しょうもん》界、縁覚《えんがく》界、菩薩界、仏界までいけるが、オレたちのほとんどは、六つの世界のどこかに再生する。天上界、人間界、阿修羅界（エゴによる争いの世界）、畜生界（知性のない動物の世界）、餓鬼界（飢えたむさぼりの世界）、地獄界だ。

とくに地獄のヴァリエーションは多い。争い続ける等活地獄、焼けた鉄のノコギリでひかれる黒縄《こくじょう》地獄、巨大な鉄の臼に入れられ餅つきされる衆合《しゅごう》地獄、焼けた鉄の部屋につめこまれる号叫地獄、二重の焼けた部屋で失望する大叫地獄、溶鉱炉のような鍋に放りこまれる炎熱地獄、焼けた三つ叉で体を刺しぬかれる大熱地獄、体が溶けてしまうほどふいごであおられる無間《むげん》地獄。やっとここから逃れたと思ったら、火灰の中に埋もれたり、屎糞の沼に溺れたり、刃の野原を歩かされたり、剣の森で切り裂かれたり、おろしがねの山ですりおろされたり、さらに八つの寒地獄が待っている。

「こんなに脅さないでもいいのに」

「裏を返せば、人間の欲望はここまですごいってことですかね」

オレたちが曼陀羅にビビッていると、尼さんたちの透視光線をおしりに感じた。たまたま休み時間だったんで、噂の裸族を見ようと集まってくる。断っても断ってもバター茶はおかわりされるし、尼寺の秩序を乱すのも申し訳なくなって退散した。

翌日から、誰ものぞきに来なくなった。〝裸族見学禁止令〟が発布されたそうだ。ちょっぴり淋しい……。

いつものように裸で部屋を飛び出すと、お湯をとどけようとした細目《ナロー》モデルが悲鳴を上げ、そのまま気を失っちまった！

オレとサルはあわてて彼女を部屋に運び入れ、ベッドに横たえた。胎児のように手足を縮め、小刻みに痙攣する。ぴくっぴくっと首をうずめるたびに泡状のよだれがにじみ出す。

「サル、タオルだ！　早くしないと、舌を噛んでしまうぞ。バカ、もっとましなもんねえのかよ？」

「こ、これしか洗濯した物がないんですよ」

一刻を争うときだからしかたない。サルの靴下をつめこんだ。

「とにかく、ベッドから落ちないように見張っていてくれ。オレはアニ・ゴンパへ行って、誰か呼んでくる！」

勢いよく飛び出していこうとする瞬間、我に返った。オレたちはまだ素っ裸だったんだ。

裸の男たちに部屋へ連れこまれる娘。麻酔薬を嗅がされ、さるぐつわを噛まされ……ヤバイよ、このシチュエーション。

オレたちが急いで服を着ているところへ、あかぎれ《チャップス》アイドルがやってきた。

「ち、ちがうんだ。オレたちは何も……」

あかぎれ《チャップス》アイドルはオレの釈明を無視して、枕元にひざまずいた。からかうようないつもの茶目っ気は消え、厳かに経を唱えはじめる。細目モデル《ナロー》は折り曲げた手足を弛緩させ、聞き取れないうめきをもらす。あかぎれアイドル《チャップス》は耳を寄せ、何やら真剣にうなずいている。

細目モデル《ナロー》は良家の子女だったが、子供の頃から仏の声が聞こえてしょっちゅう失神していたという。日本だったら、ただの病気とかで片づけられちゃうんだけど、チベットでは一種の才能として尊敬される。このちがいは重要かもしれない。普通と〝ちがうもの〟を崇めるか、見下すかで、その社会のふところの大きさが計れる。極論すれば、〝ちがうもの〟を拒むことは〝進化〟を拒むことだ。

細目モデル《ナロー》は、一度、失神したときに聞いた幻聴で本堂の火事を予知した。おかげでボヤで消し止めることができたそうだ。幻聴は実際に音声として聞こえている。シングルフォトンCTという最新装置で幻聴時の患者を調べると、オレたちが人の声を聞くときに働く左半球側頭葉の聴覚野の血流量が増加することがわかっている。

「酸素の契約が切れるって……」

同じ場面がフラッシュバックした。あの時オレはババチョフの枕元にひざまずき、消え入りそうなうわごとを神託のように聞いていた。

「あなたのいた町に、たくさんの人が倒れています。早く帰った方がいいそうです」

あかぎれアイドル《チャップス》がたどたどしい英語で通訳してくれた。

何言ってんだよ！　オレがいた町なんて無数にある。住んだ町だって、日光か？　東京か？　ニューヨークか？　ハワイか？　アテネか？　クレタ島か？　フィレンツェか？　マドリッドか？　たくさんの人が倒れてるってのは、東照宮でも吹っ飛ぶのか？　またアメリカが原爆落とすのか？　北朝鮮でも攻めてくるのか？　オレはまだゆっくり旅を続けたいんだ。未来予知なんて、まっぴらごめんだ。

不吉な予言を信じたわけじゃないが、オレたちはラサに戻ってチベットを去る用意をした。サルは亡命したダライ・ラマが一般衆生に向けて行うカーラ・チャクラ（時輪灌頂《じりんかんじよう》）を受けるためインドのダラムサラへ行ったあと、メディテーション・レトリート（瞑想教室）のためにブッダガヤに行くという。オレはインド最大の祭クンバ・メーラーを見に、アラハバードへ行こうと決めていた。十二月も終わりで、これ以上たつとチベットとネパール間を結ぶ中尼公路が凍結し、陸路での脱出が不可能になってしまう。

オレたちはトヨタのランドクルーザーを手配すると、残りの三人を募集した。ラサに三軒ある安ホテルにはり紙を出すと二、三日のうちにメンバーが決まった。

ひとりはイスラエルの絨毯商人、タール。ひとりはアフリカ系フランス人のクラブＤＪ、バスティー。もうひとりはスウェーデンのパンキー娘、ファネット。運転手は無口なチベット人、ロブサンだ。直行で行けば二日だけど、サムイェ、シガツェ、サキャ、ティンリ、と色々な町によりながら、五日間かけてネパールとの国境を目指す。

「あんなビッチ見たことないぜ！」

オレはサルとタシ・レストランで最後の朝食をとりながら、ファネットについて話している。

「悪いけどねサル。おまえスウェーデン娘とつき合ったことないだろ？　オレはふたりいるよ。

ふたりともスゲーいいやつだったけど……ビッチだった。相手を美化しすぎると、ろくなことないよ」

「ちがいますって。本当の彼女はブッディー、ブッディーなんです！」

「なんだよ、そのブッディーって？」

「ぼくの発明した仏教英語です。たとえば〝BUDDY GOOD〟は仏のようにすばらしい。〝SHE IS SO BUDDIFUL〟と言えば、彼女はとても仏性に満ちてる。スラングではBITCHの代わりに〝SON OF A BUDDHA！〟（ブッダの息子め！）とか、感嘆句では〝OH, MY BUDDHA！〟（おお、仏様！）などがあります。たとえ彼女がクリスチャンでも、心はきっとブッディーなんです」

「勝手に決めんなよ、五分しか話したことないくせに。とにかくおまえが最初にやらなくちゃいけないのは、あいつの言葉遣いを直すことだわ。おまえ顔は悪いけど、言葉遣いはていねいだよな？　それをあのビッチに教えてやれよ」

「ビッチじゃなくて、ブッディーです！」

「ブッディーじゃなくて、ビッチなの！」

そんなところにタシが、最後のヨーグルトを持ってきてくれた。

「ビッチもブッディーも紙一重よ。それより今の時期って道路が凍る直前なのよ。私の友だちなんかも左足の小指を凍傷で切断したわ。崖崩れや落石やスリップ事故、いろんな危険が待ちかまえているかもしれないんだから。たとえ短い間でも家族だと思って仲良くしなさい」

オレたちはタシに再会を約束して、北京西路にあるＣＩＴＳオフィスの集合場所に向かった。タールが大量の絨毯を持って立っていた。髪は中央の孤島を残してＵの字にはげ、丸メガネの奥で知的な目をしばたたかせる。

「タールさん、ぼくたちはひとり三百元ずつ同じ金額を払っているんです。つまりこの車の中の同じスペースを、五人で分配するわけです。この絨毯は人間ひとり分くらいのスペースをとります。これを乗せることはできませんね」

サルが硬直した人差し指を突きだして警告した。

「あなたに言ったはずです。かなりたくさんの絨毯があると。あのとき私が最初の応募者だったんで、あなたは簡単にOKしましたね。その時点でこの契約は成立しているはずです」

タールは耳のうしろをしきりにさする。どうやら興奮したときのクセらしい。見ると、赤褐色の大きなイボがあった。

「CITSの契約書は動かぬ証拠ですよ。もし私の弁護士に頼めば、契約違反から受けた精神的ダメージとして……」

キャメル色のカシミア・コートからつき出た腹が、中年の貫禄を感じさせる。タールは内ポケットからソーラー式の電卓を取り出した。

「合計しますと、あなたは私の精神治療医《セラピスト》から約八千ドルの賠償金を請求されるでしょう」

タールは自慢げに、ジェルでかためたアラビアひげをひねった。

そこへ運転手のロブサンがのそのそ現れた。ロブサンは四十代半ばといったところか。小さいけれど骨太な体格で、ごま塩が入った坊主頭をしている。運転しづらいチュパははおらず、モスグリーンのマウンテンパーカーはなぜかエディーバウワー製だ。

ロブサンは何も言わずカーペットをかつぎ上げると、屋根のキャリアーに載せた！　一気にす

Tal
の字ハゲにはいろんな知識がいっぱいつまってる。
イボ

べてを解決してしまったロブサンは、ふたりに威厳に満ちた眼差しを向ける。

「あっ、もちろん構いませんよ。シートでくるんであるし、雨でも平気です」

「そ、そうですね。こんな手があったんですね。タールさん仲良くやりましょう。たとえ五日間でもぼくたち家族なんですから」

サルは節操もなく調子を合わせた。トランクからロープを出して縛りつけるロブサンを、ふたりは手伝う。そんなところへ、ファネットが白い息をはずませてやってきた。

「ハ～イ坊やたち、いい子にしてた?」

顔立ちの繊細さをもみ消すようにショートヘアーを引っかきまわす。プラチナブロンドをグリーンにそめた針葉樹だ。荒っぽい動作とは対照的に、ツクンとえくぼがひっこむ。やつにもひとつ弱点がある。歯並びを矯正するためにつけているブリッジだ。そのせいか、決して歯を見せて笑わない。

「ファネット、ほっぺたにゴミがついているぜ」

右ほほに、三センチほどの透明な糸がついている。ファネットはあわてて制した。

「ダメ!　これはLUCKY DOWNYっていって、幸運の産毛なんだから」

ファネットの声は心地よくかすれていて、少女が娼婦の声色を使っているみたいだ。LOVE & PISS(愛とションベン)と背中になぐり書きした革ジャンを脱ぐ。ムンッとミルクのような匂いが、男たちを包む。青いチェックのネルシャツをはだけると、Tシャツには小人に犯される白雪姫のマンガがプリントされている。しかも小人の背が伸びるくらいヒマーラヤ山脈が隆起している。

実際キュートな……ビッチだぜ。

Lobsan
ディタちおやじ
ワニガメとか似いてう

ファネットに見とれていたサルは、ピューッと手伝いをやめてかけよった。

「さあ、君の荷物はそれだけかい？　少ないなあ。ほら、貸してごらん。ぼくがトランクに入れてあげるよ」

ゆるんだロープを持ったままあっけにとられるタールを、オレは必死でなぐさめた。

最後の家族バスティーが来ない。もう三十分以上の遅刻だ。やつが泊まっているバナクショー・ホテルに電話してもらったが、とっくにチェックアウトしたそうだ。

「ファネット、君もバナクショー・ホテルだろう？　あの黒いガキンチョ知らないかい？」

「あーっ！　あのロリコン・オカマ？　あいつならホテルの裏手のキレー小学校に行ってんじゃない？」

「な、何しに？」

「なんでもね、少年たちのひたむきな姿を見ていると、胸がしめつけられるそうよ。みんな自分のキッチンを掃除されないように、サイフを落としたときも壁におしりをつけて拾うのよ！　あんなニガー（黒んぼ）、さっさとおいて行っちゃいましょうよ。一時間目の体育が終わるまで来ないわよ」

「おいてくのはいいけど、個人負担がふえるよ」

「それは困るな。ひとり七十五元アップは契約違反だ」

突然ロブサンが車に乗りこんで行ってしまった。とうとうオレたちに愛想をつかしたのかもしれない。

「クソッタレじじい、金だけとってずらかっちまったってこと？」

テドム

Juanette
顔はグレタ・ガルボ
性格はバイキングの末裔《えい》
LUCKY DOWNY
(注)ぬくと怒る
歯列矯正ギブス
ゲタのうらがわみたい

「私の絨毯が盗まれた！　これは重大な国際問題だ。ダライ・ラマに、いや北京の大使館に届けなければ！」

こんなんじゃ絶対、五日ももたないよ。どうやら最悪のメンバーを選んじまったみたいだ。

すったもんだやってるところへ、ロブサンが帰ってきた。彼の無口で的確な行動力には驚かされる。助手席に乗っているのはバスティーだった！

精悍な顔だちの中央にはかたくなな目があって、真っ黄色のナイロンパーカーとバッジのついたアフリカン・ストライプのニット帽が、青黒色の肌をいっそう浮き立たせている。バスティーは猫科の動物を思わせるしなやかさで降りてきた。

「マリキータ（オカマ小僧）！　あんたのおかげで一時間近くも待たされたのよ。みんなにあやまんなさいよ！」

バスティーはオーディオ・テクニカのでっかいヘッドホーンをはずすと、ファネットを見上げた。一メートル七五センチはあるファネットに比べて、バスティーは小さい。若い母親がひねくれ息子をしかっているみたいだ。バスティーのフレンチなまりの英語が舌先で飛びはね、皮肉な微笑みが厚い唇をねじあげる。

「なんだよ、この公衆便所が。北欧の冷凍肉と五日間いっしょなんて、行くのやめようかな」

ロブサンは強引にみんなをつめこむと有無を言わせず出発した。

「インスタント家族だからケンカもしょうがないけど、なるべく仲良くやろうね」

オレが助手席からふりむくと、サルはちゃっかりファネットのとなりに座っている。

「そう、とっても仲良くね」

テドム

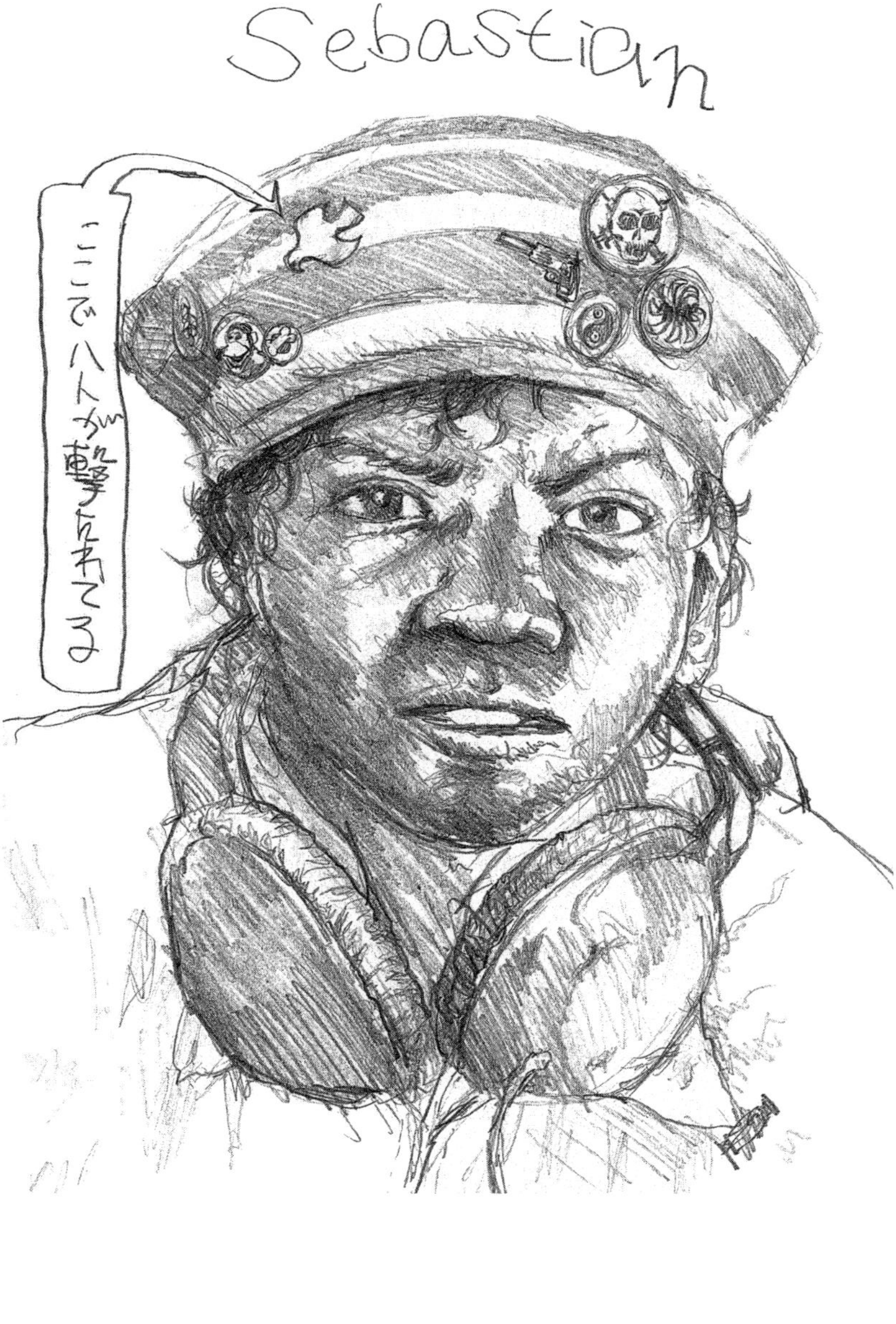
Sebastian
ここでハトが撃たれてる

サムイェ

ババチョフがまだ子供の頃、家の縁の下にシッポの先がちょん切れた蛇が住んでいたんだとさ。おばあちゃんは蛇をやぬっさん（たぶん家主さん?）と呼んで、ババチョフや子供たちにカエルを捕ってこさせたりしていた。おじいちゃんは気味悪がって二度も山の中に捨てに行ったが、しばらくすると縁の下にシッポの先がちょん切れた蛇はもどってきている。三度目におじいちゃんは、蛇の頭を草刈り鎌でちょん切って殺した。家は火事で焼け落ちて、引っ越した。


巨大な三途《さんず》の川、ヤルツァンポを渡る。

オレたちは向こう岸にロブサンと車を残して、古っぷるしい渡し船に乗りこんだ。

「私は一年間、日本に住んでました」

タールのうすい髪が川風にそよいでいる。

「日本にいたのは十年以上前です。アクセサリーを売る露天商をやっていました。あれはイスラエル・マフィアが商品をそろえて、旅行会社が稼ぎながら旅行ができますって募集するんです。ユダヤ人は稼ぐって言葉に弱いですしね。若い頃はあの仕事で世界中まわりましたよ」

向こう岸で客を待っているトラックの荷台に乗って、砂漠の中をサムイェ寺に向かった。バスティーはひとりで耕耘機タクシーに乗る。もちろんお目当ては運転手のまだあどけない少年だ。

直径三百メートルはあるという円い城壁が近づいてきた。トラックを降りると、サルはファネットにくっついて門を入っていった。

「寺に入る前に東の丘からながめてみませんか？　この寺には全体を見ないとわからない秘密があるんです」

オレとタールは村のはずれにある小高い丘をめざして歩き出した。

「サムイェ寺はチベットで一番古い僧院です。ティソン・デツェン王はこの寺の建設をはじめたんですが、地元の神が夜になると、昼間造った物を全部ぶっ壊しちゃうんです。困った王様は、大行者パドマサンバヴァをインドから呼びました」

「あの温泉、テドムに足跡を残したチベット密教の祖ですね」

石灰岩がむき出しになった登り道はかなり険しく、タールは体臭の強い汗を全身から噴き出している。ときどき肉厚の手のひらをつかんでひっぱり上げてやった。丘の上にはタルチョがたなびき、パドマサンバヴァを祀ったお堂が見える。

「すいませんね、年なもんで。私もパドマサンバヴァみたいにテレポーテーション（瞬間移動）できればねぇ。招きに応じてパドマサンバヴァはサムイエへ飛んできます。しかし王様は最初、彼を信用しませんでした。そこでパドマサンバヴァはテレキネシス（念力）を使って、王様の服に火をつけちゃうんです。彼の超能力を目の当たりにした王様は、あわてて許しを乞いました。パドマサンバヴァは荒ぶる土着神を鎮め、無事サムイェ寺を落慶したんです」

見事なパノラマに息を呑む。青空の吸引力に山々が屹立し、ヤルツァンポ河が緑豊かな田園を育んでいる。その中心にあったのは……。

「曼陀羅だ、サムイェ寺は立体曼陀羅で造られていたんだ！」

「あれが大本殿の〝須弥山《しゆみせん》〟です」

黄金のピラミッドは断層状に天へ伸び、人々の願いを模倣する。

「世界中の神話や宗教には必ず〝聖なる中軸〟がありますが、仏教の宇宙観はこの聖山を中心に世界が成り立っているんです。須弥山は理想郷である浄土の中央にそびえ、麓には巨大な湖があります。あの円い外壁が湖の縁ですね。須弥山のまわりに太陽や月のお堂があります。チベット西部にあるカイラス山がモデルと言われていますが、麓のマナサロワール湖から、その雪解け水は獅子の国のインダス河、象の国のサトレジ河、牛の国のガンジス河、馬の国のヤルツァンポ河へと流れていきます。須弥山を描いた曼陀羅は無数にありますが、立体建築として表現したのがカンボジアのアンコール・ワットやインドネシアのボロブドゥール、そしてこのサムイェ寺なんです」

城壁を入ると村になっている。荘厳な立体曼陀羅の中には、おみやげ売りが銀製品を売りつけにやってくるし、牛がクソをし、豚が走りまわり、ニワトリがエサを突っつきまわっている。

「さすが立体曼陀羅には、世界のすべてがつまっていますね」

須弥山にあたる本殿に入っていく。にぎやかな外とは対照的に、ひんやりとした空気がお堂に満ちていた。釈迦像を中心に巨大な仏たちが、見る者を威圧する。なんだろう？　柱におかしなもんが……。

「へ、蛇だ！」

サムイエ様の立体曼陀羅
やさぶろう
リアへ
NO!
須弥山《しゅみせん》

五、六メートルもある蛇の剥製が螺旋を描いて柱に巻きついている。
「蛇は知を司る守り神なんです。ユダヤの神秘思想カバラでもウロボロスの蛇があります」

タールはあたりを見まわし、ピキッとウロコを一枚はがした。

「蛇は明と暗、善と悪、完全と不完全、生と死をあらわします。その蛇が自分のシッポを呑みこんで0（ゼロ）を作ったのがウロボロスです。相反する世界をつなげ、〝一は全〟であることを示しているのです」

オレはひからびたウロコをタールの手からつまみ上げ、入口の明かりに透かしてみる。

「自分のシッポを呑みこむ蛇ねえ。昔ニューヨークのゲイクラブで見たセルフ・フェラチオを思い出しちゃった。もんのすごく体の柔らかい少年が自分で自分のチンポくわえて口内射精するやつ。少年は口から自分の精液をたらして、ショーは終ります。タールさんはそのお腹じゃ無理ですね」

タールはオレの指からウロコを奪い取ると、大切にサイフにしまいこんだ。

「ほっといてください！　とにかく、蛇は世界中の神話に登場します。中国の人首蛇身兄妹、伏羲《ふつき》と女媧《じよか》や南アフリカ・ベンダ族の創世神や古代アステカ文明の守護神ケツァルコアトルやパカル・ボタンの紋章も蛇ですし、奈良の三輪山の守護神、大物主神《おおものぬし》も蛇です。知っていました？縄文人は三輪山からピタゴラスの定理に合わせて大和三山を削り、動かし、配置するほどの高度な土木技術を持っていたんです。しかし高度な古代文明の知恵を受け継いできた民族は、大陸から来たヤマト・ガヴァメントに追放されました」

内部を見つくしたオレたちは出口に向かった。闇の中に四角く切りとられた外界が拡大する。

「それで、そのすごい人たちは、どこへ行っちゃったんですか？」

「ここ、チベットのシャンバラに逃げ帰って来たんです」

光の洪水に瞳孔が絞りこまれる。瞬間、暗転した闇に赤い山脈が浮かび上がる。

「シャンバラ⁉」

光の輪の中に、青ざめたサルが立っていた。

「ファネット見なかった？　カーラ・チャクラの壁画の前で、このお妃は君にそっくりだねってほめたら、あんたなんかとスタンディング・ファックしたくないわって、ビンタされちゃったんだ。やっと君の言ったことがわかったよ。あいつはブッディー・ハートのかけらもない、ビッチそのものさ！」

「ヒャッハッハッハ、ついに負けを認めたな」

タールは思いかえしたように、太い首をふりむけた。

「その曼陀羅には、父母神の合一が描かれてます。カーラ・チャクラは時輪タントラと呼ばれ、教典はシャンバラで書かれたと言われています」

ファネットが乳房をドリブルするように走ってきた。

「さっきはごめんね。痛かった？」魔法の指が、サルの上気したほほに触れる。

「君のためなら、サンド・バッグに転生してもいいよ！」

寺の外にいる小型トラックに乗りこんで、船着き場へ向かった。

「かなり遅れたな。心配なのはバスティーだ」

「あいつならだいじょうぶよ。寺にも入らないで、引き返していったもん。二時間前には戻っているはず……ああっ、バスティーよ！」

耕転機タクシーがどこどこどこと砂塵を舞い上げてやってくる。運転する少年のとなりには、うっとりとバスティーが座ってやがる。

「カーナン！」（止めて！）

ファネットは荷台からしなやかなジャンプで飛び出すと、両手を広げて耕耘機の前に立ちふさがった！　少年が急ブレーキを踏み、乾燥した土埃が視界をおおう。

「腐れビーバー（マ○コ）が、なんの用だい？」

「あきれたわねえ、こうやって三時間も寺との間を往復していたのね？」

「寺を見ようと、リトル・ブッダを拝んでようと、あんたの知ったこっちゃないさ」

リトル・ブッダの顔には、ひからびた鼻水が凍りついている。

「バスティー、愛情の押し売りはやめるんだ。さあ、ぼくたちといっしょに行こう」

サルが両手を伸ばすと、不思議とバスティーは従った。

「あのリトル・ブッダはわずか十一歳で、家族を養ってるんだよ。お父さんが中国政府軍の拷問で足が不自由になって農地を手放したんだ。一家を支えるために、彼は三年前から耕耘機タクシーをやっている。ぼくは少しでも生活のたしになればいいと、彼の耕耘機に乗ってあげたんだよ」

バスティーはサルのたくましい胸に顔をうずめる。

「ごめんね、兄貴……」

「サル、おまえビーバーはあきらめて、そっちに乗り換えた方がいいぞ」

シガツェ

子供の頃、よく同じ夢を見た。

オレが眠る布団のまわりでは、家族たちが悲しそうに泣いている。薄目を開けて上を見ると、もうひとりの自分が天井の角っこにはりついてオレを見おろしているではないか！

オレたちは目があった瞬間、爆笑した。

「ドワーッハッハッハ！　こいつオレと同じ顔してやがんの！」


チベットで二番目に大きい町シガツェには、夜遅く着いた。

タシルンポ寺の正面にあるシガツェ鎮第一招待所に宿をとる。二階建てのこぎれいな建物で、最近建て直されたばかりらしい。部屋分けはオレとタール、サルとバスティー、ファネットはひとりで、ロブサンは運転手のドミトリーに泊まった。

タシルンポ寺は一四四七年にダライ・ラマ一世によって開かれた。座主を務める歴代パンチェン・ラマはダライ・ラマに次ぐチベット第二の法王だ。

とにかく広い。ポタラ宮を引きずり降ろして、横に並べたようなもんだ。昔は四千人の坊さんが暮らしていただけあって、寺院や僧坊がひとつの町を作っている。七階建ての仏殿に、奈良の大仏よりでっかい二六・二メートルの弥勒仏座像がある。しかも黄金二百九キロ、銅百二十五トン、ダイヤモンド、真珠、トルコ石、サンゴ、琥珀、など千四百種類の宝石でできてんだって。

「シャンバラには、中身まで純金の仏像があるそうです」

本当かどうか知らないけど、タールは成金キッチュな仏像に見とれ、イボをさすっている。

「シャンバラは平和の理想郷です。それはヒマーラヤ山中にあって、あらゆる欲望が充足し、安穏と叡知に満ちた楽園なのです」

「ヒマーラヤのどこにあるんです？」

「ニコライ・レーリッヒというロシアの画家が、一九二四年から四年間にわたって探したんですが、見つかりませんでした。レーリッヒは様々な苦難を乗り越え、ロシアからチベット、インドを踏破しました。その旅行記『アジアの心』には、こう記されています。〝感銘を受けたものは無数にあるが、私を最も昂揚させたものは何かと聞かれたら、ためらわず私は答える。シャンバラ！〟と。地下帝国だという人もいれば、空中に浮かぶ飛行都市だという人もいます。私は長い間自分自身のシャンバラを求めて世界中を旅してきました。意識するとしないとにかかわらず、みんな自分自身のシャンバラを探しているのです」

タールはもう一度黄金仏を見上げると、光り物に全然興味を示さないオレの肩をたたいた。

「さあ、密教学堂というところへ行ってみましょう。ロブサンが言うには、時輪タントラの砂絵曼陀羅が作られているそうですよ」

オレたちは弥勒仏殿を出て、僧院の細道を急いだ。

「時輪タントラは天文学、占星術、暦、宇宙論、ＳＥＸ、ヨガ、修行体系など、最も難解で謎に満ちた聖典なのです」

密教学堂の前には人垣ができている。うしろからのぞきこむと、マスクをつけた四人の若い僧たちがかがみこんでいる。そこには宇宙の創成そのものがあった。

僧がおいた一粒の砂は、百五十億年前に誕生した宇宙、無限大の密度が凝縮された〝特異点〟だ。朱塗りの四角い台の上にビッグバンが再現される。〝特異点〟は百分の一秒後には太陽系ほどの大きさになり、一秒後には摂氏千億度、百秒後には十億度、宇宙はなめらかに膨張していく。銀の椀には赤、黄、緑、白の砂が盛られている。原子核、陽子、電子、中性子らが合体し、ヘリウム原子核を作りはじめる。中心の輪には、四つの顔と二十四本の腕を持った本尊が金色の神妃と立ったまま合体する。ファネットが言うスタンディング・ファックだ。

円錐の筒のギザギザを別の筒でこする震動によって砂がこぼれ、完璧な円に縁取られた四層の正方形が中心から波紋のように広がっていく。四辺にはそれぞれ神殿が据えられ、神々の輪が十二個回転している。合計十三個目の輪は、マヤのカレンダーが示す月の公転周期（一年に月は地球を十三周する）、女性の生理周期（一年に十三回）、人体の主関節（足首、ひざ、股関節、手首、ひじ、肩、首の十三関節）、神聖視される亀の甲羅、ガラガラ蛇の唇のウロコ（十三枚）などと無縁ではないだろう。

若い僧たちが立ち上がってマスクをとった。完成だ。先生のような老僧が細かい部分をチェックする。向き直ると、若い僧たちに向かって微笑んだ。どうやら合格点をもらったらしい。宇宙の誕生から百五十億年の緊張が笑顔に崩れる。

「時輪タントラは、二三二七年に起こるハルマゲドンも予言しています。ラ・ロと呼ばれる異教徒、おそらくイスラム教徒との宗教戦争と解釈されてます」

僧たちは自らの手で、曼陀羅を壊しはじめた。これもまた重要な儀式だ。ドルジェー(金剛杵《こんごうしょ》)と呼ばれる法具で線を引き、各色をひとつまみずつ銅皿にのせる。四方から刷毛によって、砂が中央に集められていく。

「それで人類は滅亡するんですか?」

砂は一粒残さず銀の壺に収められ、ひょうたん形のふたをされる。

「いいえ、シャンバラから未来神ラウドラチャクリンが来て、人類を救い、千年にわたる仏教の黄金時代が到来すると言われています」

人は破壊するために創造する。仏教の核にある無常を、目の当たりに見るようだ。オレはやるせない気持ちで、密教学堂をはなれた。

「なんでみんな敵と味方とか線を引きたがるんでしょうね?」

「ホーキング博士は今、もともと境界などない宇宙空間から〃特異点〃をなくそうと、『宇宙の無境界説』に取り組んでますよ」

「いいかげん、他人を否定して、自分が信じこんでいる宗教とか正義を押しつけるっていう悪循環やめないと。だってイスラム教を倒して仏教独裁になっちゃうわけでしょ? タールさんだってユダヤ教だからやられちゃうよ。オレだって楽教だし……」

「なんですか、そのラッキョウって?」

タールは旺盛な知識欲をむき出しに聞いてきた。

「楽しいことや、楽なことしかやんない宗教です。秘密の奥義《シークレット・ドクトリン》は〃むいても、むいても、皮ば

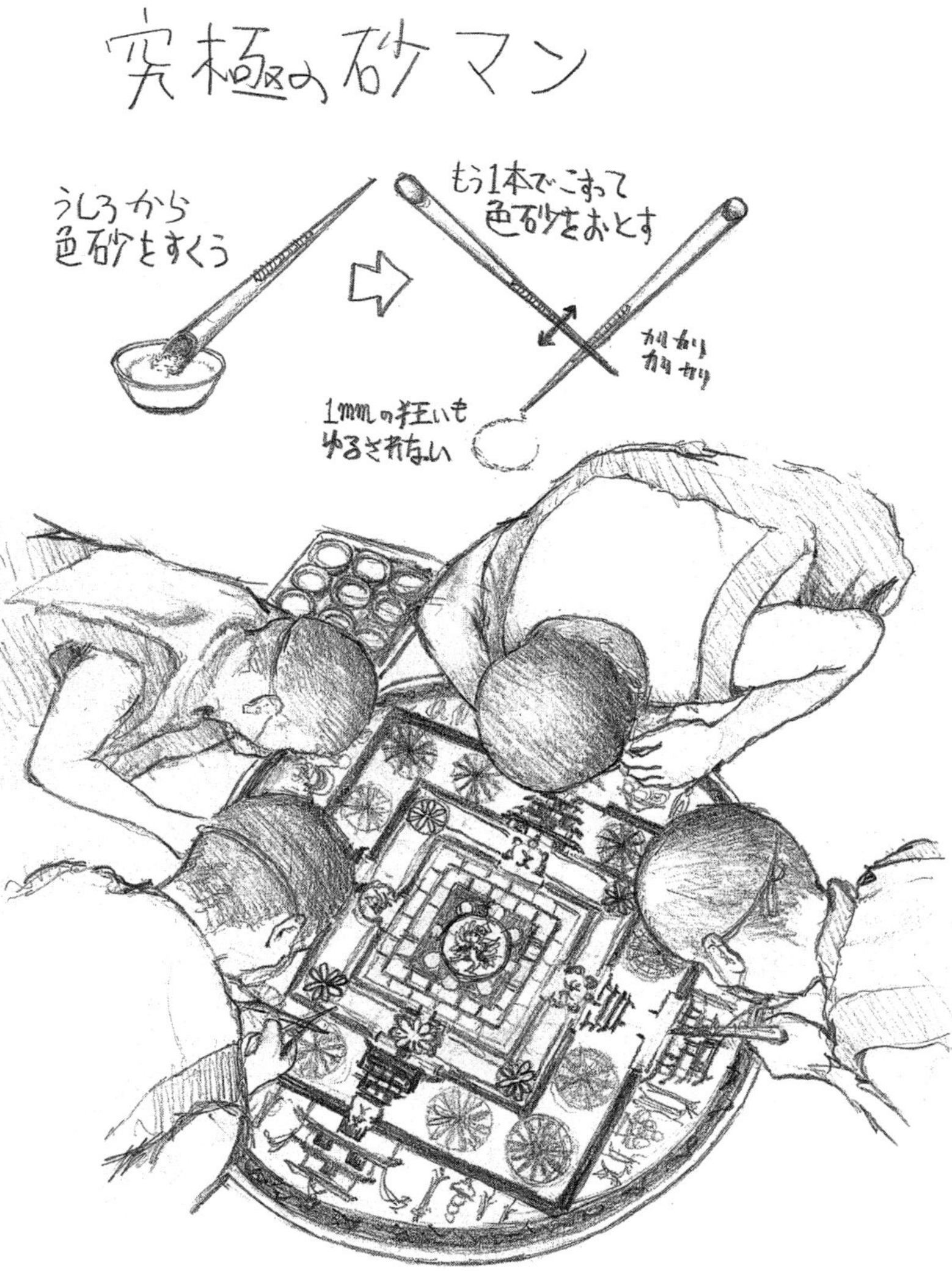
究極の砂マン
うしろから
色砂をすくう
もう1本でこすって
色砂をおとす
カリカリ
カリカリ
1mmの狂いも
ゆるされない

かり〟ていうんです」

「大きな団体ですか？」

「それがですね、教祖と僧侶と信者を全部合わせてオレひとり。楽でいいよ。タールさんも改宗しない？」

タールは「アホにつき合ってられん」って顔をして、近くにある絨毯工場へ行っちまった。


そこらじゅうを若い坊さんが行き交い、バスティーはひとりではしゃいでいる。バスティーに言わせると、チベットの坊さんにもけっこうゲイは多いらしい。オレはサルやファネットと合流し、野良犬たちをかき分けながら裏山に登った。

「ファネットはストックホルムで何やってんの？」

「ギャベジ（ゴミ）よ。インディーズの映画に出たり、美術学校のモデルやったり、ピープ・ボックス（のぞき小屋）のライヴ・ショーもやってたわ。ハゲタカ（エロじじい）どもから巻き上げた金で、イカしたイーグルを飼っていたの」

ファネットはひとり言のようにつぶやきながら、定期入れに入った写真を見つめる。猛禽類の目をした若者だった。ファネットは目を上げると、鮮やかな緑で石に描かれたターラー女神を見る。

「この女神は、輪廻の海を渡るのを助けてくれるんです」

震えるファネットをいたわるようにサルは言った。

「輪廻って、死んだらまた生まれ変われるの？」

「もちろん。早ければたったの四十九日でです」

「じゃあ、そろそろだわ」

「誰が、生まれ変わるんです？」

「MY MAN」

ファネットは、わざと不良っぽく発音した。

「イーグルは飛んだわ」

崖っぷちから両手を広げてファネットは身を乗り出す。土色の街並みが、はるか足もとに広がっていた。

「ただ……あたいが長い間せまいカゴに閉じこめておいたんで、飛び方を忘れちゃったんだわ。彼はツアー・コンダクターやってたんだけど、アンフェタミンの常習者だった。あたいが貢いだお金も、みんなあいつの血管の中に消えていったわ。十一月のはじめに、スウェーデン人ツーリストをハワイに連れてったときに、大事なヤクとお金をすられてしまったの。わずか一日のヤク切れも耐えられなくて、客の部屋に忍びこんで家捜ししていたとき客が戻ってきちゃって……追いつめられた彼は、七階のベランダから飛びたったの。もちろん真っ逆さまに落下して、チキンのトマトソース煮みたくつぶれたそうよ」

ファネットはもう一度、不良っぽく発音しようとしたけど、できなかった。

「MY MAN……だった人」

幸運の産毛を風がからかい、瞳は遠いヒマーラヤを探している。ひび割れたうすい唇には、透明な意思でできた微笑みがあった。手をのばせばとどきそうな積雲と、トパーズ色の空の下、ファネットは清々しいくらい、ひとりぼっちで立っていた。

サキャ

「暴力によって勝ち得た独立は、暴力によって奪われる」

ダライ・ラマはあくまで非暴力を貫く。「すべての他者のために」という祈りの力で戦おうとしているんだ。

この未来の常識を笑っているうちは、決してオレたちに未来は来ないだろう。


シガツェから南西に約百六十キロ。道が凍っているせいもあって七時間ほどかかる。

サキャ南寺のとなりにある招待所は木造二階建ての安普請だ。二階は仕切りのない大部屋で、木枠に縄を張っただけのベッドが並んでいる。かしいだ窓を開け放つと、川向こうの山腹に破壊された北寺の跡が見える。

ドゥム川《チュ》にかかる丸木橋を渡ると子供たちが水を汲みに来ていた。汲む前に三回ほど空中に水を放り投げる。神への感謝だ。山裾《やますそ》にならぶ民家は早くも朝食の支度をはじめている。どの家もサキャ派のシンボル、藍、赤茶、白で塗られ、しっとりとした美意識がにじみだしてくる。

開祖クンチョク・ギェルポによって一〇七三年に建てられた北寺は、建物はおろか、崩れた壁や土塁ぐらいしか残っていない。いかに中国軍の破壊が徹底的だったかを思うと恐くなる。

何を血迷ったか、老いた毛沢東は文化大革命（一九六六〜七六年）という暴挙に走っちゃう。

百万のチベット人が殺され、六千の僧院が破壊された。「遅れた迷信を信じるチベット人を、教育しなければいか～ん！」と、女の子のトルコ石やサンゴのアクセサリーを引きちぎり、砂の曼陀羅をけ散らし、緻密なタンカ（掛け軸）を引き裂き、代わりに稚拙な毛沢東の肖像画を飾らせる。どんな些細な物であれ、チベット的なる物はす・べ・て・抹殺された。

オレはチベット人の家庭で、白いテーブルを見せられたことがある。

「ようく目を近づけて、見て下さい」

「あっ、きれいなチベット模様が透けて見えます！」

「文化大革命のとき、塗らされたんです」

「宗教は麻薬だ」とマルクスは言った。その共産主義もまた、麻薬だった。

〝群れ〟はもはや人間じゃない。狂暴な怪物だ。個人的な犯罪者に殺された犠牲者の数なんて、宗教やイデオロギーによって大量殺戮された犠牲者の数の足元にも及ばないんだぜ。忠誠、献身、団結、正義、優越、ありとあらゆる美徳が人間を盲目にする。集団は感情を煽《あお》り、知性を麻痺させる。神格化された権威への服従、所属、自己放棄がどんなに甘美でも、他者を排除してはいけない。自分自身が崩れ落ちるギリギリまで、知覚の扉を開き続けるんだ。

オレは世界最強の軍隊の一員よりも、たったひとりの殺人者でありたい。

一二六八年に建てられた南寺は強固な外壁に守られて健在だ。

五メートルもある巨大な釈迦牟尼像もすごいが、オレが一番好きなのはサキャ・リンポチェの霊塔だ。等身大の憤怒神が並び、黒い壁にはさまざまな死のイメージが描きこまれている。

死体をついばむ鳥、肋骨は鳥かごのようにマンガチックで、犬がこびりついた肉片を食らっている。笑っている頭蓋骨には、なぜか髪の毛だけが残っている。舌は炎のように立ち上がり、目玉は眼窩脂肪体のジェリーを引きずっている。ちぎれた耳が筋でつながり、ウォークマンのヘッドホーンみたいだ。白骨の男女がファックしている。カチカチと骨のぶつかりあう音まで聞こえてきそうだ。

チベット人は死を笑うことを知っている。**死こそ、この世で絶対唯一のギャグなんだ。**

「ねえAKIRA、あと二日で家族も解散だろ？　チベットを去る前に、ちょっと試したいことがあるんだ」

ティンリに向かう車の中、バスティーが後部座席から乗り出してきた。

「あんたジャンキーだったんだろ？　アシッド、つまりLSDのこともよく知っているかい？」

「ああ、コカインやヘロインにいく前は、毎日やっていたけど」

「ぼくみんなに会ってはじめて、他人のことが知りたくなったんだ。高校のとき家出してから、ディスコやクラブで働いてさ。友だちはたくさんいるけど、そいつらとエクスタシー（MDMA）キメても、朝まで踊るだけで終わっちゃうんだ。もうちょっと何かあるんじゃないか？　って、チベットまで来たんだよ。こいつを持ってね」

バスティーの真っ黒い拳が開かれていく。花弁のような薔薇色の手のひらには紫の粒がころがっていた。

「パープル・ヘイズじゃねえか！　オレンジ・サンシャインやウィンドウ・ペインと並ぶ、三大

サキャ

アシッドのひとつだよ」

　魔法の蜜におびきよせられた昆虫のように、みんながのぞきこむ。

「これでぼくが試したいのは、『死者の書』のセッションなんだ。ここに英語版も持ってきたよ。これには、ぼくたちの潜在意識を開く大切な知恵がつめこまれている。でもＬＳＤは扉を開ける鍵にすぎないんだ。そのあとの正しい導きがなければ、単なるゲームで終わったり、分裂症に陥ったりしちゃう。この中では君が一番の経験者だから、導き手の役をやって欲しいんだ」

「……ってことは何かい、オレはアシッド食えないわけ？」

「だってひとり正気なのがいなけりゃ、危ないじゃないか」

「そんなあ、やだよ。オレもやるぅ〜」

　みんなの視線が「このエゴイスト！」と突き刺さる。

「わしがやろう」

　オレたちは、我が耳を疑った。ロブサンは澄ました顔で運転を続ける。

「わしは五年前に還俗するまで、十四歳から二十年間もニンマ派の寺で毎日『バルドゥ・トェ・ドル』、つまり『死者の書』の文句を唱えていたよ。わしの英語でよかったら、チベット語といっしょに唱えてあげよう。かなり寒いが、丘の上で朝日に輝くヒマーラヤをながめながら、っていうのはどうかね？」

　フロントガラスが吹き飛びそうなほどの大歓声！　こりゃあ、ワクワクしてきたぞ。チベット最後の大イヴェントだ。

ティンリ

子供の頃、一番不思議だったのは、床屋の前にある〝グルグル〟。

「あの赤と青の線はいったいどこからきて、どこへいくの？」

床屋のおじちゃんが説明してくれた。

「いいかい、坊や。中世ヨーロッパでは悪い血を出せば病気が治ると信じられていて、床屋が医者も兼ねていたんだよ。赤と青のストライプは血ぬき治療の静脈と動脈をあらわしているんだよ」

「んで、ボクたちはいったいどこからきて、どこへいくの？」


小さな川を渡ったすぐ右手に、平屋建ての安ホテルがあった。暗闇の中で車を降りると、真冬の冷気がオレたちを歓迎してくれる。

「ねえ、見て見て、すっごい星よ」

闇の中からため息がもれる。オレたちは先を争って縄ばしごをのぼり、屋根に寝っころがった。

満天の星が気の遠くなるような旅を終え、オレたちの網膜に降ってくる。一光年というのは光が一年かかってとどく長さ、約九兆五千億キロだ。あの一番明るいシリウスで八・六光年、となりのオリオン星雲なんか千五百光年だもん。オレたちの六百キロの旅なんてちっぽけだよな。

「死んじゃうと星になるって、ホント？」

バスティーが仰向けのまま聞いた。

「バッカじゃない。だからあんたいつまでもガキって言われんのよ」

ファネットが噛みつくのを制するように、タールが助ける。

「まあまあ、世界中のネイティヴの神話は共通してそう言っているよ」

「バスティー、おまえが死んだら、少なくとも仲間内じゃあスターになれるよ！　ヒャッハッハ」

オレがバカ笑いしながら横を向くと、バスティーは真剣な眼差しで星を追っていた。


「ねえ、ＡＫＩＲＡ。もっといい夢、見ましょうよ」

闇の中にファネットの顔があった。さっきまでの続きをしようと、両手を伸ばして引きよせる。

「痛ってぇーっ！」

これで完全に目が覚めた。あんなに激しく愛し合ったのに……ちぇっ、夢かよ。

まわりでみんながクスクス笑う。それぞれ懐中電灯を持って、あらん限りの服を着こんでいた。

「毛布も借りておいたから、自分の寝袋といっしょに持っていってくれ」

外はまだ満天の星だ。寒い、マイナス二〇度はあるだろう。ロブサンを先頭に人民解放軍の建物をさけ、民家の向こう側から丘に登る。頂上はさらに風が強い。ロブサンが用意した段ボールの上に、タールが幾重にも絨毯を敷いた。みんな靴を履いたまま寝袋に体をつっこんで、毛布をすっぽり頭からかぶる。そしてひとつの塊になるほど身をよせ合う。

ロブサンがヤクの糞で火をおこしはじめた。バスティーからひとり二錠ずつアシッドが配られる。タールは落ちつかない様子でしきりにイボをさすっている。

「私は決して臆病な人間ではありませんよ。でもはじめてなもんで、一錠おゆずりします」

オレはラッキーと思って飲みこもうとした腕をつかまれた。

「あ、やっぱり返してください。みんなといっしょにがんばらないと、男のメンツが立ちません」

「タールさん、いや、みんなも聞いてくれ。ひとつだけコツみたいなもんがあるんだけど……なるべくがんばらないことだ。たぶんものすごい力で別世界にひっぱられて行くと思う。でも自分自身が今まで抱えてきたエゴやプライドにすがろうとするとどんどん苦しくなっていく。大げさに言うと、新しく生まれ変わるには一度死ななくちゃならない。力をぬいて流れに身をまかせるんだ。導き手であるロブサンと、この仲間たちを完全に信頼すればいい。こんなこと言ったら恥ずかしいとか、バカにされるなんて心配しないで、自分自身をさらけ出せばいいんだよ」

「さあ、バター茶がはいったよ。みんなでまわして飲んでくれ」

香り高いバター茶とともに、順番でアシッドを飲み下す。ロブサンがとつとつとした英語で説明をはじめる。

「いいかい、我々は死を学ぶために生きている。心と体が切り離せないように、生と死も切り離すことはできない。言いかえると、よりよく生きるためには死を学ぶ必要があるんだ。これから君たちは死を疑似体験する。正確には、死んでから再生するまでの中間の世界＝バルドゥだ。君たちが『死者の書』と呼ぶバルドゥ・トェ・ドルはたしかに死者の枕元で唱えるもんだが、かんちがいしちゃいかん。悟りや解脱をふくめて、よりよく生まれ変わるための手引き、つまり『生者の書』なんだよ」

ロブサンの言葉は、文法をまちがえたり単語が適切じゃなくっても、ゆったりと心にしみこんでくる。

「それは三つのパートからできている。最初は『チカエ・バルドゥ』といって、死ぬ瞬間の大きな喜び。二つ目は『チョエニ・バルドゥ』といって、あるがままのあなたが見るさまざまな幻影。三つ目は『シパ・バルドゥ』といって、再生に向かう迷いの旅だ。最初の状態がずっと続けば幸いだが、二つ目にきても、楽しく遊べばいい。三つ目になってしまったら、よりよい状態で戻ってこれるように悲しみの原因を閉ざすことだな」

凍てつくような星の明かりがこころなしかやわらいできた。喉もとから背骨にさざ波が立ち、首筋を走りぬけていった。みんな落ちつかないそぶりで、体を掻いたり、震えていたりする。

「あたい、胸ん中がモヤモヤしてる。初恋みたいな気持ち！」

ファネットは真っ直ぐオレを見つめた。ファネットの輪郭からブレ出すオーラが七色に分光し、相手の意識がスゥーッと流れこんでくる。〝チカエ・バルドゥ〟死ぬ瞬間の大きな喜びだ。

「ああ、いい人よ、今こそ、あなたが道を求めるときがきました。あなたの呼吸が止まるとすぐに、第一のバルドゥの根源の光明が現れるでしょう。明るくて、空っぽで、真ん中もはじっこもない、裸で無垢の知恵が現れるでしょう。あなたはこれを存在本来の姿だと悟り、悟った状態にとどまりなさい」

空中の粒子が一粒ずつ輝きはじめる。これが宇宙の構成分子プラーナってやつかな？　空が幾何学的なグリッドでおおわれ、ドクンドクンと脈打っている。七色に輝くプラーナの粒子たちが、視床《ししょう》を決壊させ、奔流となって前頭葉に流れこんでくる。ファネットの顔が透明に溶けだし、サルの髪が噴火し、バスティーの肌が水たまりに浮いたガソリンのように乱反射する。タールが悲鳴を上げた。

「じゅ、絨毯がムカデになってのぼってくる！」

めいっぱい瞳孔を開いて、奇形化したお互いの顔に笑い出す。おっとオレもヤバイや。毛穴をこじ開けて無数のメクラヘビがはい出してきた。艶やかな黒い頭部をふりながらオレの腕に巻きついてくる。セロトニンに偽装したリゼルグ酸ディエチルアミド《LSD》は、レセプター（受容体）を誘惑する。脳の安定化装置ははずされ、脳幹に眠る爬虫類の脳が二億年の時を越えて蘇る。

「あなたの体と心が離ればなれになるとき、存在本来の純粋な姿が現れるでしょう。鋭敏で、閃光を放ち、輝き、まぶしく、発光し、恐ろしく純粋な真実の光を体験するでしょう。これを恐れてはなりません。これこそあなた自身の存在本来の光なのだから」

ひとりひとりがまとっている肉体がぼやけはじめ、その中心だけがぼうっと光を放っていた。火だ！　人は誰でも火を宿してるんだ。いや、人だけじゃない。そこにつっ立ってる木にも、雑草の一本一本にも、石ころにも、ひしゃげた空き缶にさえ火が宿っていた。地上の火が空に燃え移り、夜を焼き払っていく。壮大な天空のドラマが、知覚の扉をいっせいに開け放つ。

「あっ、あれを見て！　太陽が生まれてくるわ」

世界が閃光の中に吹き飛んだ。

明るい停電《ホワイト・アウト》、白色の闇、オレたちは鮮明な視覚を持つ盲人になった。あっけにとられる目の前で白光《びゃっこう》は膨張していき、オレは太陽を呑みこんだ！

そのときだ。巨大な老人がゆっくりと顔を上げる。深い知性をたたえた眼差し、慈愛に満ちた微笑み、豊かにたくわえられた銀の髭……ヒマーラヤだ！

「ゴッド・イム・メンヒル（天にましますイ申よ）！　シャンバラの扉は開かれた」

タールは全身を歓喜に打ち震わせながらつぶやいた。絶対安息《キエフ》の中で呼吸が止まり、筋肉が弛緩し、自我滅却《ファーナ》していく。個をへだてる表層意識を越え、オレたちはひとつになった。豊穣なる集合無意識《トランス・パーソナル》の海で生成を待つ〝存続への意志〟そのものとなったんだ。

八一五三メートルのチョー・オユーが純白にきらめき、左には八八四八メートルのチョモランマが世界最高峰の切っ先で天を裂こうとしている。湿原にはまだ朝日がとどかず、神々の蓮華だけが輝く様はいっそう幻想的だ。

ロブサンは二つ目の〝チョエニ・バルドゥ〟あるがままのあなたが見るさまざまな幻影を唱えはじめた。


「ああ、いい人よ、すべてについての恐怖、戦慄の気持ちを捨てよう。何が現れても、自分自身の想念が作り出したものと悟るべきです。これがバルドゥの幻影であると見破らなくてはいけません」


爆竹を口いっぱいにつっこまれたカエルが、中空で肉片になって飛び散った。殺戮への意志、破壊の本能、二重螺旋をした糸状の分子がピシャッとほほにはりつく。落ちる、落ちる、落ちていく、どこだ、ここは？　嵐の夜、フィレンツェの軍人墓地で亡霊たちと戯れるオレは誰だ？

精霊たちの氷の情熱、艶かしい屍骸の陽気なダンス、何をそんなにおびえているんだ？　少年は母を探して真夜中の線路をたどっていく。満月が明るい絶望を照らし出し、星々がにぎやかな孤独を歌ってくれる。本当に母に会いたいのなら祈れ！　でも誰に向かって？　腕に注射器をぶら下げながら摩天楼のエレベーターを上昇していく。ここもまた戦争だ。死んだ乳飲み子に無理矢理乳房を押しつける母親、緑色にぬめった眼球が流れ落ちた死体の眼窩に男根をねじこむ発狂した兵士、激しく腰を振りながら「ママー、ママー」と泣いている。爆弾の降るテヘランの街を逃げまどう闇両替屋が言った。「だいじょうぶさ、希望もなければ恐れもないんだから」父親がゴキブリ用の殺虫スプレーで蛾を殺す。オレは尾端の毒針毛を震わせながら光へ、それでも光へと吸い寄せられていく。パルテノンへ続く坂道でジプシーのナイフがオレの心臓めがけて突き出される！「女はみんな体の中に太陽を持っているのよ」うん、憶えているよ。それは巨大な火の玉だった。あの時死んでいった六億人のオレが、今でもオレを見守ってくれるんだ。ねえニッキ、もう一度やり直せればいいね。セネガルの呪術師は五つの宝貝をころがしニッキの病気を占った。慎重に調合された粉末をたらいにとき、三度手のひらですくって飲み、沐浴する。完全に癒されたニッキはオレと手をつなぎ、素っ裸でダカールの海へ飛びこんでいった。

自分の一生が強烈なストロボ光の中にフラッシュバックした。早まわしフィルムで順番に見るんじゃなく、すべてが同時に起こるんだ。過去から未来という時間の流れは存在しない。無数の多次元世界が現在の一瞬に発光する。一瞬に永遠が、永遠に一瞬が、たたみこまれていた。

最後の〝シパ・バルドゥ〟が読みはじめられる。再生に向かう迷いの旅だ。

「ああ、いい人よ、まさにこのとき、大変恐ろしくて、耐えられないほどの、激しいカルマ（業）の嵐があなたをうしろから追い立てているだろう。これを恐れてはいけない。これは

あなたの錯乱によって現れたものなのです」

ファネットが両手で顔をおおっていた。革ジャンの背中に書かれたLOVE & PISSが小刻みに震えている。

「ファネット？　もしかして、泣いてるの？」

オレが緑色の針葉樹林をつかみ上げると、涙でグシャグシャになったファネットの顔があった。

「みんなと知り合えて……本当によかった」

ファネットの冷え切った指がオレの手をまさぐり、ギュッとつかむ。

「だって、彼が死んでから、ずっとひとりぼっちで旅してきたの。親切にしてくれた人たちはたくさんいたけど、みんなあたいの肉体が目当てで、誰もあたいをひとりの人格を持った人間だと認めてくんなかったわ」

ファネットの濡れたまつげを見たとたん、何者かがオレの下腹部に火を放った。

「でもあんたたちだけは、ちがったの。あたいを家族の一員として愛してくれたのよ。そうでしょう？」

少女と娼婦のように純真なファネットに応えなくちゃならない。種の本能と人間の理性が、統合された意識を引き裂いていく。

「ファネット、もちろんオレたちは家族だ。でも……君に謝らなくちゃいけない。オレは今、勃起しているんだ。今まで君をイメージして、三回もジャック・オフ（マスターベーション）したんだ」

ファネットは打ちひしがれ、オレから手をはなした。オレは本能の炎に焼かれ、理性の冷水を浴びせかけられた。自らの欲望に忠実であろうとする自分と、たたきこまれた罪悪感に押しつぶされる自分が、たまらなく恥ずかしかった。

「家族だなんて言っておいて……みんな、ウソだったのね！」

ファネットの嗚咽が青空を硬直させ、重い沈黙がみんなの上にのしかかっていく。

「閻魔大王はあなたの首に縄をつけて引きずり出し、首を切り、心臓を食らい、はらわたを引き出し、脳みそをなめ、血をすすり、肉を食べ、骨をしゃぶる。あなたは体が切り刻まれてもまた生き返って、永遠の苦しみを味わうでしょう。しかし閻魔大王もあなたと同じ空《くう》それ自体が形をとったものだと知りなさい」

サルは握りしめていた拳を開いて、自分のほほを打ちすえた。乾いた破裂音とともに、唇の端が切れる。吐き捨てた唾がピンク色に泡だち、大地に染みこんでいく。

「ぼくは、なんて罪深い男なんだ。自分勝手な愛情を人に押しつけ、自分を甘やかし、他人を批判する。ぼくは仏教徒だなんて名乗る資格もない。インディアンを滅ぼし、黒人を奴隷にし、ヒロシマ、ナガサキに原爆を落とした悪魔の手先……アメリカ人なんだ！」

「いい人よ、どんなに望ましい利益や喜びが生じようとも、執着してはならない。そして求めてはならない。平静な無私の気持ちになって、欲求や執着を捨てるべきです。喜びや苦しみの思いをあらわにさせないで、平静で、かたよらない気持ちを持つように努めるべきです」

タールは空に向かって十字を切りながら、エホバの神に懺悔《ざんげ》する。タールは内ポケットから取り出した電卓を砂岩で打ちつけた。小指が切れたのも気づかないほど、一心にたたき続ける。

「私は今まで、自分の血を呪ってきた。世間を見返すためにはお金や知識や道徳や男らしさが必要だと思っていた。社会が求める美徳を必死で身につけるしか、人並みになる方法はなかったんだ！　私はシャンバラを求めて色々な国をさまよったけれど、決してシャンバラを心の中に求めなかった。金銭や物品だけに執着して、人との大切な絆を、契約などと呼んできたなんてお笑い草だ。私はなんてむなしい人生を送ってきたのだろう！」

「もしも男性として生まれるときは、ＳＥＸする父母の父に対して激しい敵意が生じ、母に対しては嫉妬と愛着が生じる。もしも女性として生まれるときは、母に対して激しい羨望と嫉妬を生じ、父に対して激しい愛着と渇仰が生じる。これが縁となって、あなたは胎内への道へ行く。赤白二滴の卵子と精子が結合する歓喜を経験するだろう。エクスタシーの中で、あなたは意識を失うでしょう。胎児はプクプクと、コロコロと育ち、母の胎外に生まれ出る。目をあけて見なさい。あなたは一匹の子犬としてこの世にもどって来ました。前には人間だったのに、今度は犬となって犬小屋で苦しむこととなる」

バスティーはひざを抱えて、卵のようにうずくまっている。残酷な外気が黒い皮膚をけば立たせ、赤い血液を閉じこめる。

「ぼくが悪いんだ。こんなセッションをやろうなんて言ったばかりに、せっかく仲良くなれたみんなの心をバラバラにしてしまったんだ。いつでも人に迷惑ばかりかけてて、何ひとつ人の役には立たない。ニガーでロリコンでオカマときちゃあ、救いようがないな。ぼくは誰にも必要とされてない。ぼくなんか、生まれてこなければよかったんだ！　ぼくを捨てて出ていったママを憎

ティンリ

む。ぼくたちを奴隷として産んだ世界そのものを憎んでやる！」

バスティーは人工呼吸を行うように大地に口づけた。すると、わしづかみにした土を、石を、草を、幼い口にかきこむ！　オレが飛びかかって押さえつけると、唾液と混ざった赤土をしたたらせて笑った。

「もうすぐ太陽は、死んでいくんだ！」

非情なる惑星は時速一七〇〇キロで、オレたちを太陽から引き離していく。ヒマーラヤは厚い雲におおわれ、もう永遠に！　見ることはできない。

長い長い沈黙が流れた。

「帰ろう……」

オレは力なくみんなに呼びかけた。こんな悲惨な終わり方ははじめてだ。

それは明らかに浄化だったはずだ。あまりにも強烈な炎に過去を焼き払われ、放心しているだけだ。少なくもオレはそう信じたい。空っぽになったピルケースをしまうバスティーも、絨毯の土を落としているタールも、寝袋を丸めるサルも、リップクリームをぬっているファネットも、バター茶のやかんとボロボロになった英語の辞書をしまうロブサンも、こんなにもちっぽけな、**人間がたまらなく愛《いと》おしかった。**感謝の言葉を伝えたかったが、口に出せない。

「ありがとう」の一言が。

おし黙ったまんま丘を下りていく異邦人たちを、村の子供や母親やおじいさんが、不思議な顔をして見ている。広い湿原に出ると、それぞれに距離をとってホテルに向かって歩き出した。

影が……水面と平行に投げつけた石のように、ものすごい勢いで走ってくる。

なんだ、犬か。

遊牧民の番犬であるチベタンマスチフは、筋肉質で大きい。頑丈なあごと太い首を持ち、テリトリーを犯すものには勇猛に挑みかかる。

先頭を歩いていたファネットが、しゃがんで手を伸ばす。子供の頃、家で飼っていたアキタを思い出したからだ。アキタのやさしい瞳、困ったようなおでこのシワ、頭が良くて気品があって、闘犬だったなんて信じられない。

ふと、我に返ったファネットは、自分が今、命の瀬戸際に立っていることを突然思い知らされた。目の前に迫ってくるマスチフの瞳には、明らかに敵意だけが満ちていたからだ！　めくれ上がった唇、うしろへ飛ぶよだれ、残忍な牙がむき出される。ファネットは自分の無防備さを呪った。マスチフは咆哮とともに、ファネットめがけて飛びかかる！　手をひっこめる？　立ち上がって逃げる？　遅い、遅い、遅い、すべてが手遅れだ！

マスチフの跳躍に合わせ、ファネットが弓なりに反る。喉だ！　この真っ白い喉をマスチフは狙っていたんだ。獰猛な牙がうなりを上げて、獲物を噛む!!

しかしマスチフの牙が貫いたのは、うすい喉じゃなく、か細い腕だった。

バスティーだ！

ファネットの上に倒れこんだバスティーは、満身の力をこめてファネットを守る。むき出された白目がもう一匹の野獣を威嚇し、真っ黒い首筋から太陽炎《プロミネンス》がたちのぼる。マスチフは獲物を奪われた怒りに総毛立ち、バスティーの腕を食いちぎろうと必死だ。激しく首がふられるたびに唾液が中空を舞い、鋭い牙が食いこんでいく。バスティーは神経繊維を引きちぎる激痛に咆哮した。

必死に痛みをこらえ、噛まれてる左腕を引きつけると、マスチフの側頭部に黒曜石のような右フックを食らわせる。

マスチフは苦痛に牙を抜きとり、よろめいた。瞬間、大きな石がマスチフの肋骨を砕く。ロブサンが投げたものだ。オレの石は背骨にめりこみ、サルが「ビッチ、ビッチ！」と脇腹をけっ飛ばす。

タールが丸めた絨毯を旋回させてマスチフを吹き飛ばす。背中から地面にたたきつけられたマスチフは、悲鳴を上げながら湿原の向こうに走り去っていった。

「犬に生まれ変わっておいてよかったよ。ヒャッハッハ」

バスティーはファネットの上に倒れこんだまんま力なく笑った。

「バスティー、お願いだから死なないで！」

ファネットは下じきになりながら、長い腕をのばしてバスティーを抱きしめる。ナイロンパーカーの上を鮮血が走る。テラテラとシワをはじきながら、ファネットのほほにも流れ落ちてくる。

「血って温かいよねえ？　ぼくこんな温かいものに包まれたのはじめてだ。最後にぼくも人の役に立ててうれしいよ。ぼくの分まで長生きしてくれ……」

バスティーはファネットからはなれ、ゴロンと仰向きに倒れる。

「みんな……ありがとう」

バスティーは安らかな顔で息を引き取った。

「バスティー！　バスティーってば、死んじゃいやぁーっ！」

ファネットは緑色の髪をふり乱し、狂ったようにバスティーにすがりつく。

オレはスゥーッと手を伸ばし、バスティーの鼻をつまむ。

しばしの沈黙。

「プハーッ、もうだめだ！」

「すごい肺活量だな」

バスティーは厚い唇をそりかえして子供みたいに笑った。

「あ〜っ、なんだ！　……でも、生きててよかった」

あっけにとられたファネットのえくぼがツクンと引っこむ。涙とバスティーの血でグショグショだ。

「どれ、見せてみろよ」

ボロボロになったパーカーを脱がせ、スウェット・シャツのそでをめくる。火山のように盛り上がった穴が、赤黒く固まりはじめている。黒い前腕部が夕日を吸収し、虹色に反射した。よくもまああこんな細い腕で、あのマスチフと戦ったもんだといじらしくなる。

「遊牧民の犬だから狂犬病じゃないとは思うが、ティンリにはワクチンも病院もないからな。カトマンドゥまで行かないと、狂犬病かどうかはわからん。とりあえず国境まで急ごう！」

オレたちは荷物を全部積みこむと、ネパールとの国境の町、ダムへと車を走らせた。

ファネットは彼氏の写真を引っぱり出して、じぃーっとながめている。小さなため息と同時に、いきなり写真を破りだした！

「ちょっと窓を開けるわよ」

透明な悔恨が金色の産毛を撫でた。ファネットは拳を握りしめ、力いっぱい放る。夕闇の空をバックに思い出のかけらが舞い踊る。

ルンタがかける！

ファネットは風の馬にまたがって再生への道をのぼっていく。どこよりも遠い遠い未来から、死者を祝福するために。

ファネットははじめて矯正ブリッジをむきだし、大声で笑った。

「グッバ〜イ、MY MAN グッバ〜イ、チベット！」

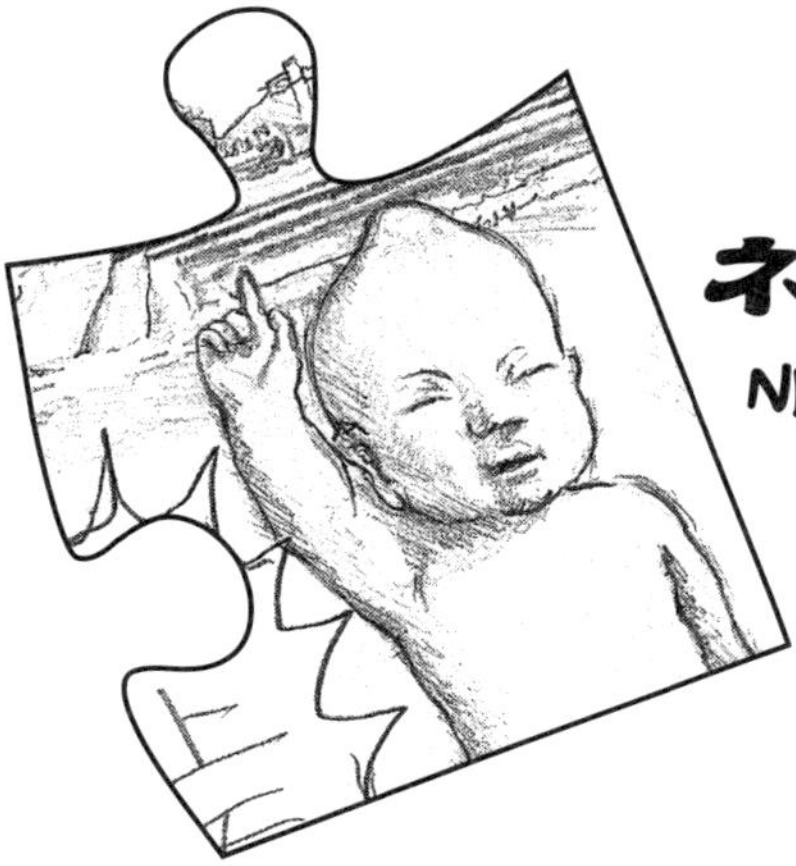

ネパール

NEPAL

カトマンドゥ

本当に欲しかったものは、太陽じゃないんだ。
ヨロヨロとかまどから立ちのぼる煙、つつましい木陰、つぶやくように落ちる雨だれ、決して目を合わせない老婆のはにかみ、幸せを顕微鏡でのぞくと、子供たちは恥ずかしそうに柱の陰に逃げこんだ。

高度がグングン下がってく。四三四二メートルのティンリから三七五〇メートルのニェラムを通り越すと、一五〇〇メートルのダムへいっきに落ちていく。空気が濃くなっていくのがわかる。こんなにたくさん空気が吸えるって、なんて素敵なことなんだろう。夜風がベタベタまとわりついて、気持ちまでゆったりとほどけてくる。

「み、緑だ！」

ヘッドライトに広葉樹林が浮かび上がる。目が色彩をむさぼる。緑に驚くなんてのも、チベット帰りにしかわからない贅沢《ぜいたく》だ。

車の中で仮眠をとり、朝一番で中国側のイミグレーションを通った。ロブサンに別れを告げる。握手をすると、ムッツリおやじの手を思い出した。ああ、オレたちは、この大きな手に守られていたんだと思う。

谷底にあるネパールのイミグレーションは、とてもフレンドリーだ。「国境なんて、バカの骨頂《こっちょう》」そうは思っているが、ステキな笑顔で迎えられるとやっぱりうれしい。これでその国の第一印象が決まるってもんだ。

ファネットが建物の陰にオレを呼ぶ。いよいよ愛の告白だな。

「ねえＡＫＩＲＡ、あたい思い切って今夜、告白しようと思うんだけど」

こんなにしおらしいファネットを見たのははじめてだ。

「愛してます……バスティーって」

「な、なにいーっ！　あのロリコン・オカマをどうするんだよ？」

「わかってるわ。でもあたい一生懸命考えたの。そして、すばらしいアイデアを思いついたのよ！」

ファネットはオレの胸ぐらをつかむと、フレンチ・ノーズがくっつくくらい引き寄せた。

「あたいとバスティーが結婚して、男の子を産むのよ！　その子をバスティーがかわいがれば、万事解決でしょう？」

……何考えてんだか。

タールのタクシーにはひとり分の空きがあって、オレは絨毯運びを手伝う代わりにただ乗りさせてもらう。やつらはバスで行くという。

「いいかサル、カトマンドゥに着いたらバスティーを王宮の前にあるインターナショナル・クリニックへ連れてってやれよ。そこで狂犬病の予防接種を受けられるはずだ。ビッチは恐いからなあ、ファネット？」

タクシーの運転手がクラクションを鳴らして呼んだ。

「さあさあ、出会いと別れはさりげなくって言うだろ。きっとあの世でまた会うさ!」

三人とも家から放り出された子供みたいにしょぼくれてる。長男坊としちゃあ、かわいい妹や弟たちを残していくのは心配だけど、旅人に情けは禁物よぉ。オレたちはチベットでいっしょにいろんなことを学んだ。でも自分自身の問題を解決できるのは、やっぱ自分自身だけなんだ。


そこらじゅうに命が満ちあふれていた。気温は二〇度ほどだろうか? ここは沖縄と同じくらいの気候だという。段々畑に少年が牛を引き、少女たちが頭の上にのせたカゴで野菜を運んでいる。レンガ造りの家の前で昼寝する老人、水桶で牛を洗う働き者のおかみさんたち。緑がはね、水がさざめき、小鳥たちのさえずりがサイダーの泡のようにはじける。息苦しいほどの密度を持って、生命たちが呼吸していた。世界の急激な落差に戸惑いながらも、強烈な解放感にさらわれていく。目の前に広がる盆地には赤土色の都会が輝いていた。せつないくらい両手を広げて、疲れた旅人を抱きしめてくれる町……カトマンドゥだ!


タメル地区にあるホテルに絨毯を下ろし、タールといっしょに散歩する。みやげ物屋をひやかしながら、カトマンドゥのへそと呼ばれるアサンに出た。

アンナプルナ寺院の鐘が夕暮れの街に響きわたる。ザルに入って並べられたオレンジ、メロン、マンゴー、トマト、きゅうり、なす、ジンジャー、ミント、シナモン、クミン、ココナッツ。そして何ヶ月もお目にかかっていないマヨネーズ! 香辛料とインセンスと腐臭が、絶妙のブレン

カトマンドゥのシンボル
スワヤンブナートを

どうしても マヨナート にしたい。

ドでタイムスリップに誘う、インドラチョークだ。
三、四階建てのビルがギューギューにひしめき合い、魅力的なバザールを形作っている。極彩色のサリー、シルクのスカーフ、毛織りのショール、粗い手触りの手編みのセーター、縞模様のウールのバッグ、綿織りのデイパック、刺繍のTシャツ、毛糸の帽子、国民帽トピー、額につける赤い祝福の粉ティカ、灰皿から壺まで見事な模様の入った金細工、象牙細工のブレスレット、色とりどりの石や陶器のネックレス、キッチュで派手な神様たちのポスター、もちろんチベットでおなじみのタンカやマニ車や数珠などもある。
その昔カトマンドゥにはビートやヒッピーの聖地として、世界中の若者が集まってきていた。洗わない長髪、伸び放題のヒゲ、ボロボロのクルタに腰布を巻き、裸足でダルバル広場をうろついていた。一服のマリファナと三百マイクログラムのアシッドと東洋の知恵に助けられ、自らの内面へと降りていった。ある者は悟り、ある者は発狂し、ある者は死んでいった。そしてシロナガスクジラよりもたくさんいたあの種は、いつのまにか集団絶滅した。

「オレはフリーク・ストリートに泊まるんで、お別れですね。インドのヴィザが取れ次第、オレの楽園ポカラへ行きます。タールさんも男のメンツにかけて、シャンバラを見つけて下さい」

「はっはっは、シャンバラならもう見つかりましたよ」

タールは左胸をドンッとたたいた。

「ここに！」

ポカラ

旅をしていると、どうしても常識では理解できない不思議な体験をすることがある。それが度重なると、常識を疑い、不思議を信じるようになってくる。たとえば夢の中の出来事の方が現実で、現実と思いこんでいたものが夢かもしれない。お互いが鏡を見ていると思いこんでいるようなもんだ。ヒマーラヤを映す巨大な鏡、ペワ湖の村では何が起こってもおかしくない。さあ、不思議の国ポカラへとご案内しよう。

「逃がすな！」

バススタンドに待ちかまえている客引きたちが襲いかかってくる。タクシーのあんちゃんたちも、ホテルからのマージンをせしめるために必死だ。オレは彼らのタックルをかわしながら、走り出す。ここからダムサイドをぬけて、レイクサイドまで歩いても三十分たらずだ。

十五年前のポカラはのんびりとした村だったが、今ではおびただしい数のホテルやレストランがひしめいている。変わっていく風景を嘆くのは旅行者の傲慢だ。それを変えてしまったのも旅行者なのだから。オレは自分自身にこう言い聞かせるようにしている。「変わったのは世界ではなく、オレ自身だ」と。ペワ湖がひと足ごとに広がってくる。だいじょうぶだ、この美しい湖だ

け は変わっていない。

ホテルは自分の足で探すに限る。とりあえず、ここで聞いてみるか。古本屋に立ちより、居眠りしてる老人に聞いた。

「このへんに、安いホテルありませんか？」

老人はハッと顔を上げ、オレを見つめると、ファミコンに興じる孫を呼んだ。高校生くらいの孫は流暢な英語でオレをホテルに案内する。

「へ〜そうですか、うちのホテルも十五、六年前から祖父がはじめたんですよ。四、五年前に、新しい建物がとなりに建ちました。とにかくヒマーラヤの眺めは最高ですよ」

ボート乗り場を右に折れ、小道の奥にゲストハウスはあった。真新しい三階建てのビルの手前には、忘れ去られたような木造家屋がひっそりと建っている。

「好きな部屋を選んで下さい。値段も安くしておきますよ」

新しい建物の部屋は清潔で申し分なかったが、どうも気になることがある。

「あっちの古い建物を見せてくんない？」

「えっ、あそこはよほど満員でもない限り使いませんよ」

今にも崩れ落ちそうな階段をつたって二階に上がる。三畳一間くらいのスペースに木製のベッド。少年が窓を開けた瞬間、閃光がきらめいた。

ひときわ高いマチャプチャレを中心に、アンナプルナの峰々が浮かび上がる。チベットの反対側から見るヒマーラヤはあまりにも高く天空へそびえ立つ。蜃気楼と呼ぶには鮮やかすぎて、まるで飛行山脈だ。ヒマーラヤを背景にとなりの農家で牛が眠っている。はっきりとは思い出せないが、同じ風景をどこかで見たことがある。もしかするとデジャヴかもしれない。

「ちょっと確かめたいことがあるんだ。とりあえず今日はこの部屋に泊めてもらうよ。ところでチョコ（ハッシッシ）をサンプルでもらえないかい？」

少年はジーンズジャケットのポケットから、サランラップにくるまれた大麻樹脂をとり出した。ネパールでは大麻の良き伝統が守られている。昔はおばあちゃんがザルに入れて軒先で売っていたし、今でもごく普通に老若男女が楽しんでいる。

ライターであぶり、やわらかくなった表面をポロポロ落としていく。広げた巻紙の上にタバコの葉っぱと均等に並べる。のりしろをペロッとひとなめして、親指と人差し指で丸める。日頃からドラムという巻きタバコを吸っているオレにはお手のもんだ。一服目を肺いっぱいに吸いこむ。えも言えぬ香りが鼻腔をくすぐり、ポーンと天上に連れていかれる。ついに安息の地ポカラにたどり着いたんだ。

十五年前もそうだった。

ヴァラナシで急性肝炎におかされたオレは、二週間も高熱と下痢と脱水症状が続き、意識不明におちいる。その瞬間見たクリアー・ライトはバルドゥの入口だったのだろう。ババチョフと親友ヒサトはインドにいるはずのオレの声を聞き、玄関に出たら誰もいなかったという。ババチョフは気味悪く思い、カレンダーに赤丸をつけた。日本に帰ってからオレの日記と照らし合わせると、日にちどころか三時間三十分の時差までぴったり一致した。オレは意識を失った瞬間に日本までやって来ちゃったらしい。

しかしあまりにも強い俗世への執着のせいか、シャーマンがヒマーラヤから採ってきたという薬草のせいか、再び意識を取り戻す。おぼつかぬ足でポカラに逃げてきたときには、宿を探す体力も残っていなかった。ポツリと立っていたおっちゃんの車に乗せられて、湖にほど近い小さな宿の二階に部屋を取った。

「これでゆっくり休みなさい」

宿のおっちゃんはひとかけらのハッシッシと日本人が置いていったという文庫本、ドストエフスキーの『地下生活者の手記』をくれた。

その夜オレは生まれてはじめてハッシッシを吸う。牛の声が窓辺で鳴り響く。

まるで耳元で叫ばれたように近かったので、牛が空中を飛んで二階の窓までやってきたのかと驚いた。あわてて窓辺にかけよると、牛はやっぱり畑の真ん中に寝そべっていた。

オレは今、現実に戻り、窓からのぞくと、やっぱり牛が畑の真ん中に寝そべっている。

そんな、まさか？　いや、まちがいない、あの牛だ。……っていうことは、オレは十五年前と同じ部屋に泊まってしまった!?

今ではポカラに百軒以上のホテルがあるだろう。部屋数は千をゆうに超えるにちがいない。待て待て、なんでも自分の都合のいいように解釈してしまうのは、ハッピー・トリッパーの悪い癖だ。オレは極上のハッシッシで飛んだ自分を笑った。

たしかどっかに落書きしたような気がすんだけど……へのへのもへじとか、ラヴラヴ・アンブレラ（相合傘）とか、イタリヤコンマオとか、スゲーくだんねえこと書いたような気がする。

かげりはじめた部屋の電気をつけ、壁じゅうをくまなく探した。かなりたくさんの落書きが目立たぬように彫りこまれている。まさに万国スラング博覧会だ。ヘアーバンドタイプの懐中電灯をバッグからとり出し、家具をずらし、ベッドを移動させて、本格的な調査を続けたが、オレのらしき落書きは見つからなかった。

オレはベッドを戻し、ドサッと横になった。

すると頭につけた懐中電灯に照らされて、窓枠の下が明るく……明る……明!

はね起きて、窓辺にしゃがみこんだ。そこには青いボールペンで、こう書いてあった。

私は病人だ　１９８０　明

「ドワーッハッハッハ!」

自己陶酔してやんのーっ!　あっ、これドストエフスキーの『地下生活者の手記』の出だしだ。ドストエフスキーは四百回以上の側頭葉発作（てんかん）を起こした。「そうだ、神はいる!」と叫び、発作の直前に起こる恍惚体験を「生涯のすべてを、この数秒間の至福を手に入れるために捧げるでしょう」とまで言っている。

オレはハッシッシの至福の中で、「病人だ」の前に「今も」とつけたした。

翌朝起きてみると、落書きは幻覚じゃなかった。

やっぱり、こういうことってあるんだよな。世の中に偶然は存在しないなんて言うけど、ほとんどのシンクロニシティーはマヌケで愉快なもんだ。

オレは例の古本屋に行って、おじいちゃんに落書きの話をした。本当に憶えていたかどうかは疑わしいが、おじいちゃんは大喜びだ。いやはや、十五年のときをへだてて、二度が二度とも、オレはこのおじいちゃんに引きよせられてしまったってわけだ!

湖畔の石段を下って、貸しボート屋の少年と交渉する。一時間で三十ルピー（六十円）もするんだけど、ひまだから好きなだけ乗っていていいという。

オールから水の感触が流れこんでくる。どうしてこんなに水が愛しいんだろう？　不毛の高地チベットから来たせいか？　サルの言う「温泉起源論」か？　子宮の中の満ち足りた羊水の記憶か？　新生児の体の八二％、成人男子の六〇％は水分でできている。地球の表面の七〇％は海だ。オレたちは水の惑星に生きる水の生物として条件づけられている。まあ、理由なんかどうだっていい。大切なのは畏《おそ》れと敬《うやま》いの気持ちがいっしょになった、このせつなさだ。

ついでにもうひとつ恥ずかしい話を思い出した。病気から回復し、ハッシッシを初体験したオレはマッシュルーム・オムレツにも初挑戦したんだ。牛の糞の上に生える幻覚キノコはそのまま食うとあまりにもまずいんで、食堂でオムレツにしてくれる。例の宿で知り合った相棒と、そのままボートに乗っちまった。そいつが経験者だったから助かったようなもんだ。オレは飲み終わったコーラのストローをくわえ、「この湖を飲み干してみせる！」って宣言した。身をのり出して落っこちそうになったオレを相棒は宿に連れ戻し、スプライトを十本も買い与えたという。ああ、恥ずかし。

ペワ湖の真ん中までこいでいく。ボートの底に寝そべり極上のハッシシをくゆらす。湖面を撫でる微風が波立つ心を静めてくれる。混沌と騒乱のインドへ旅立つ前に、戦士の休息ってやつだ。

磨きぬかれた午後の鏡面にヒマーラヤが浮かび上がってくる。ヒマーラヤじゅうを探しても見つからないシャンバラは、ペワ湖の底に眠っているのかもしれない。

ポカラ　中毒者の夢

ルンビニー

あれだけすさまじいチベット文化を見せつけられたら、やっぱりこの男にオトシマエつけてもらわねえとな。
そう、すべてはこいつからはじまったんだ。
オレはブッダ誕生の地へと向かった。

ポカラからバスで八時間、バイラワでミニバスに乗り換え、一時間ちょっとでルンビニーだ。小さなバザールでバスを降り、よく舗装された道を歩いていく。なつかしいチベット寺院と巡礼宿を備えたネパール寺院がある。わずかなお布施はするけど、基本的には無料で泊めてもらえるんだ。向かいにあるルンビニーガーデン・レストランはちょっと高級そうで、バスツアーなどで来る団体客を相手にしてるんだろうな。もう午後もおそいんで、あまり巡礼者の姿も見かけない。

いよいよルンビニー聖園だ。一八九六年に発見されたアショーカ王の石柱によって、どこかわからなかったブッダ誕生の地が明らかにされたという。メッカやエルサレムとまでは期待してなかったけど、清々しいくらいに何もない。ブッダの母、マヤの祠がひっそりと建ち、マヤが身を清め、ブッダの産湯に使った沐浴の池が、煉瓦に四角く縁取られて再現してある。藻のはった水面に、ひまわりの飾りがついた子供のサンダルが吹きよせられていた。

燃え立つような菩提樹が立っている。もちろん二千五百年前のものではないだろうが、大人三人が手をつないでも足りないほどの太さだ。オレは菩提樹を撫でてみた。表皮の脂分がだいぶ失われているが、ハート・ウッドと呼ばれる樹木の中心は子供のように生長を続けてる。なぜか太い樹木にふれていると安心する。樹木は人や動物の危害から自分を守るため、人の精神を落ちつかせる成分フィトンチッドを分泌する。それだけじゃない。大地にしっかり根を下ろし、太古の昔から世のうつろいを見つめ続けてきた長老だ。この大平原でマヤがこの木を出産場所に選んだのは偶然ではないだろう。オレは菩提樹に敬意を表し、スケッチしはじめた。

「ちょっとー、あんた日本人ー？」

がっしりとした体をゆすって金縁メガネのおばちゃんがかけよってくる。

「写真撮ってくれない？　ここ、押すだけでいいからさ」

おばちゃんは使い捨てカメラをつき出すと、菩提樹の枝に両手をかけ足を踏ん張った。

「フラッシュなしで写ったかしら？」

四十代後半ってとこだろうか？　アイシャドウは五ミリも目尻からはみ出しているくせに、口紅は唇より二ミリほど内側に引かれている。ちぇっ、せっかく諸行無常にひたってたのにな。

「グループツアーじゃないんですか？」

「ひとりでブッダの四大聖地をめぐるの。ブッダに関する論文を書いているんだけど、やっぱりこの目で見てみないとね。写真のお礼にちょっとガイドしてあげるわ」

断わる間も与えず、おばちゃんは勝手に話し出した。

「紀元前四六三年に、ゴータマ・シッダールタ王子はここで生まれたのよ。でもシャカ族の王シュッドーダナと彼に嫁いだコリア族のマヤは、仮面夫婦だったわ」

ひさびさの母国語《マザーランゲージ》（母親から教わった言葉）に戸惑うオレを豪快に笑い飛ばす。

「あっはっは、仮面夫婦っていうのは、SEXをしない夫婦のことよ。ある日マヤは白い象が右の脇腹から入る夢を見たの。私の分析によると、性生活の欲求不満による夢ね。男性器を象徴する象の鼻と、精液を象徴する白と、不満のサイズを象徴する動物の大きさね。右の脇腹って盲腸のあたりなんだけど、死因も虫垂炎から腹膜炎を起こした可能性も考えられるわ」

味噌汁のネギをきざむようなスピードで、知的な言葉が打ち出される。

「なに、キョトーンとしてんのよ。賞味期限の切れた缶詰をスーパーに突き返した武勇伝や、一一〇三号室の奥さんはキッチン・ドランカーだからサントリーレッドの空き瓶を火曜日の朝六時に出しに来るのよお〜、みたいな話をこんなところまできて聞きたい？　あっはっは」

なんだろう、この人は？　口うるさい教育ママっぽいけど、大地母神が持つ包容力のようなものも感じさせる。

「当時は実家で出産する風習だったの。マヤは旅の途中で陣痛がはじまってしまったのね。早産は腎臓病や心臓病、妊娠中毒症や精神的な過労なども原因になるわ。仏典では、マヤが菩提樹に手をかけるとブッダは母を傷つけることなく生まれたなんて言っているけど、男性学者どもの傲慢にははらわたが煮えくりかえるわ。彼らには出産の苦しみや、早産の恐ろしさがまるでわかってない。開口期までの十二〜十六時間は仰向けに寝ながら破水を待ったはずだわ。分娩のときマヤが菩提樹の枝をにぎったのは合理的な出産ポーズよ。胎児の頭が見えはじめてから二、三時間。肩、腰、足と胎児をとりあげ、胎盤が血液といっしょに流出するまでマヤはこのポーズで戦っていたのよ」

ENJOY LIFE

そうか、あの写真のポーズは、マヤの出産シーンをシミュレートしていたんだ！　このおばちゃん、ただもんじゃねえぞ。

「あたし、産婦人科やっていたからわかるの」

「えっ、女医さんなんですか？」

「女医って差別用語よ。今は児童福祉センターの養護士だけどね。ヨーコって呼んで」

おばちゃん、いやヨーコさんは大地を振動させるように歩き出した。やわらかい草の上を羽虫が逃げまどい、ちぎれたミミズをアリたちが運んでいる。

「ブッダが生まれて七日後に、マヤは死んだわ。幼子ブッダは癒しがたい傷を受けたの。自分が母を殺したって！」

うしろから吹いてきた風が草原をたわませ、地平線に向かって走りぬけた。

「うわっ、アブナイなその説。仏教原理主義者とかいたら殺されそう」

「だいたいね、偉い学者さんたちは、この一番重要なファクターを見落としているわけ。ブッダを持ち上げるだけ持ち上げて、スーパーマンにしちゃうわけよ」

「天上天下唯我独尊《アッゴーアハムアスミローカッサ》とか？」

「あっはっは、あんたわかってるわね。産み落とされてすぐ蓮の花の上を七歩あるいて、右手で天を左手で地を指さし、そう言うわけでしょう？　あのセリフね、ひと文字まちがってるわ。ウソだと思ったらその木に聞いてみなさい」

木に聞いてみろって？　おばちゃん変なこと言うなあ。

オレは数少ない木立の一本に耳をあてた。風のざわめきと鳥たちのさえずりが、かすかに聞こ

ブッダ生誕の地 ルンビニー
天上天下唯我独尊!

えてくる。

「木は一本一本ちがった曲を演奏するわ。しかも二度と同じ曲を演奏することはないのよ。独尊は〝尊〟じゃなくて、存在の〝存〟よ。我は世界で一番勝れた者なるぞよっていうのは、ひとりよがりの傲慢よ。**天上天下唯我独〝存〟**っていうのはね、この世に存在するすべてのものは、それぞれたったひとりしか存在しない、かけがえのない自分だってこと。どお、たったひと文字で正反対の意味になるでしょう？」

舞い踊る羽虫たちは、孵化してから三時間しかない一生を楽しんでいる。

「ひ弱なぼんぼんシッダールタを、目覚めた巨人ゴータマ・ブッダに成長させたのは、死んだ母の愛に対する飢えなの。仏教っていう壮大な思想体系の核にあるのは、母の不在なのよ！」

遠くに寝そべった牛は岩のように動かず、太陽だけが地平線に近づいていく。ヨーコさんは哀しそうに夕日を見つめながら、ケツを掻いた。高尚なんだか俗なんだかわからないくらい、あけすけな人だ。

「ところであんた、ヴァラナシ方面行く？　ブッダが死んだクシナガルと、はじめて法を説いたサールナート寄っていかない？」

どこまでもさえぎるもののないタライ平野に、二千五百年前と同じ太陽が沈んでいった。

インド

INDIA

クシナガル

「あなたが生まれるとき、世界は笑いあなたは泣く。あなたが死ぬとき、世界は泣きあなたは笑う」

ついにインドへ入国した。ナンタンワ、ゴーラクプルとバスを乗りつぎ、ブッダ入滅の地クシナガルへと着いた。黄土色の埃の中にさびれたバザールが立ちあらわれる。チャイ屋、プーリー(揚げパン)屋、タバコ屋、雑貨屋、仕立て屋、サンダル屋、スパイス屋、鍋屋など、高床式の掘っ建て小屋が標本箱のように並んでいる。

「ルンビニーほどじゃないけど、ここもなんか淋しいところね」

僧院の廃墟となった赤煉瓦の土台が公園じゅうに散らばり、グプタ朝時代の栄華を偲ばせる。雨と風塵《ふうじん》にすすけた白亜の建物がある。ニルヴァーナ・テンプルと呼ばれる涅槃堂《ねはんどう》だ。五世紀頃に作られ、十九世紀にビルマ僧たちに掘り出されたという黄金の仏像があった。オレンジの布におおわれ、無邪気な顔をして眠ってる。同じ色の衣を着た僧はスリランカだろうか、一心に祈りを捧げてる。裕福そうな東南アジア系の家族連れが、五歳くらいの娘に真っ赤なハイビスカスを捧げさせる。ヨーコさんは微笑みながらキャンディーをあげようとしたが、女の子は人見知りして父親の陰に隠れてしまった。

「あたしの旦那ものんきな顔をして死んでいったわ。旦那も医者だったんだけど、若い看護婦とできちゃってねえ。あたしたちも、まあ仮面夫婦だったわ。あたしが子供の頃かかった結核が原因らしいんだけど、最初の子を流産しちゃったの。旦那はもともと糖尿病からくる心筋梗塞で、その看護婦のマンションで発作起こして、そのまんまよ。人間もタンポポみたくSEXなしでやっていけたらいいのにねえ」

ヨーコさんはきまり悪そうに咳払いすると、石像のほほを撫でる。ざらざらと冷たい感触がこっちまで伝わってきそうだ。

「ブッダの死因も赤痢とか食中毒っていわれているけど、平均寿命が四十歳にも満たない時代よ。八十歳まで生きただけでも奇跡だわ。シャカ族がコーサラ族に大量虐殺されてしまったニュースを知って、ふるさとのカピラヴァストゥ城を目指して最後の旅に出ることにしたのよ。きっと自分の死期を悟っていたのね」

ヨーコさんは急用でも思い出したように涅槃堂から出ていった。午後の太陽に手をかざして、樹木の立ち並ぶ公園を見まわしている。

「チャーパーラ霊樹の下で瞑想したとき、本当に木は楽しいなあって子供みたいに言ったそうよ。ブッダは豚肉料理で感染するの。血便がほとばしったというから、アメーバ赤痢、直腸か結腸ガンってとこね。衰弱しきったブッダはアーナンダに、お水が飲みたいって赤ちゃんみたく甘えたというわ。人が死ぬとき、必ず先に死んだ家族や友人が迎えに来るって言うでしょ。ブッダは八十年間、この日を待っていたのよ。母と再会できる日をね！　ひとつの謎が解けるわ。あれをごらんなさい！」

ヨーコさんが指さしたのは沙羅双樹《さらそうじゅ》だ。緑葉をきらめかせ、慈愛に満ちた樹冠をふるわせている。オレは北を枕にサーラ樹の間に寝転がった。風の螺旋をのぼって、このまま空に吸いこまれていきそうだ。

「なぜ二本の木の間で死んでいったかわかる？　沙羅双樹は……母親マヤの股間だったのよ！」

はじかれたように上半身を起こすと、この酔狂な素人《しろうと》学者の顔をまじまじとのぞきこんだ。

「菩提樹のもとで生まれ、あらゆる木の下で瞑想し、沙羅双樹の間に横たわって死んでいったブッダ。彼にとって樹木たちは、亡き母の化身そのものだったのよ。生後七日目に母を亡くしたブッダは、とっくに無常という真理を身を以て知っていたわけ。もともと子供は死を知らないわ。言いかえると、魂が不滅だってことを本能的に知っているの」

「オレが子供の頃、死んだお婆ちゃんの棺桶を開けて、早く起きてよってまぶたを引っ張ったら閉まんなくなっちゃったんですよ。そのあと親戚とかが、おばあちゃんがウインクしてるぞ！って大騒ぎになりました」

「あっはっは、あんたのやりそうなことね。子供たちにはボーダーなんかなくて、すべてが連続してつながってるの。木に話しかけたり、石に名前をつけたり、風に合わせて口笛吹いたりしたでしょう？　子供たちは天上天下に存在するすべてのものに神が宿っていることを知っているの。人は誰でもはじめから、すべての真理を知っているはずなの。我々の脳にある側坐核には数十億年、あるいはそれ以上にわたる転生の記憶がすべてしまいこまれているはずだわ。逆に教育や常識を得れば得るほど、真理から遠ざかっていく。**人生は学ぶためじゃなく、思い出すためにあるのよ**」

ブッダの死

突風に沙羅双樹が大きく旋回した。中空に飛び散った葉ずれの音が驟雨《しゅうう》のように降り注ぐ。

「ブッダが死んだ瞬間に大地震が起こるの。地震は大地の祝福よ。大地が新しい生命を生み出すための陣痛だと思うの。正確に言えば、ブッダが死んだ瞬間に仏教が生まれたわけ。まるでマヤと同じように、ブッダは仏教を出産するために死んだのよ」

ヨーコさんは何を言おうとしているんだ。マヤは自分の子孫を残すために死んだ？　ブッダは自分の教えを残すために死んだ？　死もＳＥＸも伝達手段なのか？　う〜ん、ますますわからなくなってくる。

「三十六億年前、地球に生命が誕生した頃には、死もＳＥＸも存在しなかったわ。太古の地球は燃えるオレンジ色で、噴き出す海底火山、荒れ狂う海、二酸化炭素に満ちた大気、太陽から直接降り注ぐ紫外線から身を守るため、生物は自らを〝多様化〟させる必要があったの。自分と同じコピーしか作れない無性生殖では、ひとつの災害で滅びてしまうわ。異なる細胞を交ぜ合わせ、少しずつズレを、ちがいを、個性を、生み出していったの。太古の海に生まれた彼らにとって、酸素は猛毒だった。身にふりかかる危険と戦うために、敵対していたアメーバ（核）とバクテリア（ミトコンドリア）が愛し合ったの。危険は我々をセクシーにするわ。無性生殖のゾウリムシだって、環境が悪化すると有性生殖（ＳＥＸ）をはじめちゃうし、アブナイやつほどよくモテるっていうじゃない。ＳＥＸは武器よ。ＳＥＸによって勝ちとった死は、さらに強力な兵器よ。肉体の多様化は最高の戦略だったわけ。プラトンが言うには、男女はもともとひとつの生命体だったから、お互いの片割れを求め合うんだって。それは単細胞から多細胞生物に分裂していった進化の記憶よ。たった一個の受精卵から六十兆個の細胞に進化したあたしたちは、ちがう相手とＳＥ

Xすることによって、くり返し死ぬことによって勝利してきたのよ。英語で言えば、NOW HERE……今ここにいること。それ自体が勝ちとった未来への権利よ。つまり生物は自らの進化と引き換えに、SEXと死というテクノロジーを開発したのよ」

　ちょっと待ってくれよ。NOW HERE……たしか、ピーターが言っていたな。あの意味はかけがえのない勝利ってこと？　SEXと死は進化のためのテクノロジー？　死はいやいや受け入れるもんじゃなく勝ちとるもの？　恐ろしい終焉じゃなく新しい可能性への出発ってわけか？　おいおい、オレたちが教えられてきたもんとは、正反対じゃねえか。もう世界がすべてひっくり返っちゃう。ヨーコさんが流しこむ膨大な情報は、はるかにオレの限界を超えている。オレは混乱した頭を抱え、沙羅双樹の間に倒れこんだ。

「オレ、ステューピッドなんだから、あんまりいじめないでくださいよ……あれ、どうしたんですか？」

　ヨーコさんはとなりの芝生に腰を下ろしたまま、おし黙っている。コロコロにふくらんだ涙が表面張力を破ってすべり落ちていった。溶けだしたアイシャドウが小鼻の横まで青い川を引いていく。

「人間てバカね。自分で死を生み出しといて、悲しんでりゃ世話ないわ。あっはっは……ひさびさにアホ亭主、思い出しちゃった」

　グシャグシャにまぶたをぬぐったヨーコさんは、墓場から生き返ったパンダ・ゾンビみたいだった。

サールナート

いきなり深遠なる内宇宙と広大なる外宇宙につながっちまったブッダは、ビビッた。

「はたして、こんなとんでもねえヴィジョンを人に伝えることができるのか？」

十六歳で特殊相対性理論を直感したアインシュタインは、それを完全に説明する言葉を四十歳すぎまで探し続けた。

自分の心を他人に伝えるのがどれほど難しいかは、中学の頃君が書いたラヴレターを思い出せばいい。


ゴーラクプルからヴァラナシ行きのバスで、ブッダが初めて説法をしたサールナートに着いた。さすが大宗教都市ヴァラナシから九キロということもあって活気がちがう。ダルマパル・ロードには観光客向けのおみやげ屋が並び、銀細工の仏像や細密に彫られた木像などの高級品から、ブッダTシャツ、ブッダ・キーホルダーまでブッダ・グッズであふれている。

「いらっさい」なんて日本語につられて食事をしたのがまちがいだった。メニューも見ずにマトンカレーとプラウ（ピラフ）食べ終えると、ふたりで五百ルピー（千五百円）も請求された。観光客用のぼったくりプライスだ。やつらは裏から英語のメニューを出してくるけど、それ自体インチキなんだ。オレがしつように食い下がっていると、ヨーコさんが横から払ってしまった。

「ああやって払っちゃうから、日本人観光客はナメられるんですよ」

サールナート
ダメーク・ストゥーパ
人間の大きさこんくらい
UFO
あ〜らゴリッパなイチモツですこと

オレは不機嫌に巨大ストゥーパを見上げた。高さ二十メートル以上はあるだろう、六世紀に作られたダメーク・ストゥーパだ。

「あっはっは、おつりは来世でかえってくるわよ。それより世界中のストゥーパがロケット形しているのは、偶然じゃないのよ。我々の祖先が神と呼んでいた宇宙人が乗ってやってきたスターシップ、天磐船《あまのいわふね》の記憶なの。ブッダだって、この地球に惑星調和をもたらすためにマヤン銀河エンジニアリング・チームが派遣した工作員かもしれないのよ」

ヨーコさんはイタズラっぽくオレの顔をのぞきこんだ。やれやれ、今度は宇宙人か。もうついていけない。オレはぷいっと顔をそらすと、ムルガンダ・クティー寺院へ入っていった。

壁一杯に描かれた大作をながめる。ブッダの一生が実に力強く、繊細に描きこまれている。

「見事なもんだわ。野生司香雪《のうすこうせつ》っていう日本人の画家よ。やっぱりね、頭の中だけで悟ってたってダメなのよ。表現してはじめて使命が果たせるの。なぜあたしたちがこの世に生まれてきたかっていう使命がね」

使命なんて押しつけられたらかなわない。オレは自由気ままに生きたいし、神だか宇宙人だかに操られてるなんて考えるのもまっぴらだ。

「宇宙が全生命に託した使命ってわかる?」

ヨーコさんはいきなりオレの両肩をわしづかみにした。

「伝えろ!」

ふてくされてるオレを言い聞かすようにゆすぶる。もう、オレの頭はパンク寸前だ。

「このひと言につきるの。百五十億年にもおよぶ宇宙の歴史は壮大な伝言ゲームなのよ。伝言をやめた種は滅び、同じことを正確にくりかえすだけの種は進化を止めるの。むしろ宇宙は伝言ミスによって進化していくわ。人類だってそうよ。いばっていたマジョリティーがひとつのウィルスで全滅して、落ちこぼれや社会のクズと呼ばれていたマイノリティーが生き残っていくかもしれないの。ナイロビにある娼婦街では、千七百人の娼婦のうち絶対エイズにかからない二十五人の娼婦がいるそうよ。彼女たちはエイズ・ウィルスを識別する特殊なMHC（免疫機能）を発達させたの」

ヨーコさんの手を振りほどこうとあらがうが、大地母神《グレート・マザー》は子供を抱えこんで放さない。

「ほんのささいな伝言ミスで未来はダイナミックに変化していく。あたしたちは未来の宇宙を創造するための重要な伝言なのよ。子孫でもいい、作品でもいい、あんたのどんなくだらない失敗、目も当てられないような失恋、救いようがない自尊心、それから、本人にも意外な勇気、そのすべてのディティールを伝えなさい。魂はすべてを記憶しているの。あんたがこの世に生まれてきた唯一の義務は、あるがままの自分自身を伝えること、それだけよ！」

「もう、いいかげんにしてください！　たかが三、四日前に会った他人に、あなたは何を伝えようとしているんです？　宇宙が全生命に託した使命？　自分を伝えろ？　そんな大げさな言い方しなくたってわかってますよ」

「いいえ、あんたはまだ何もわかってないわ。あたしはあんたを見こんだから話してるのよ」

「こっちがたのんだわけでもないのに迷惑です。オレには人々の生活とか、生身の人間とのふれあいの方が大切なんです。卓上の空論に悩むために旅してるわけじゃない。もうブッダも宇宙の真理もたくさんだ！」

瞬間、とんでもないことが起こった。

ヨーコさんはわがまま息子の口を閉ざすように……唇を重ねた！

霊長類の唇の中で唯一露出したヒトの粘膜がこすれあい、泡だった離乳食が流れこんでくる。唇が伝えられる至高の言葉、精神のＤＮＡを伝達するための子宮外妊娠。それがＫｉｓｓだ。

頭蓋の中で閃光がはじけ、防衛本能が音を立てて崩れ落ちていく。オレは失われた母乳をまさぐるように舌をからませ、音をたてて吸った。

「悪かったわ……」

ヨーコさんは自分から唇を引きはがすと、かすれ声でつぶやいた。

ババチョフの死体が舌をからめてくる妄想がオレを恐怖に立ちすくませた。急に炎のような羞恥心が身を焼きつくしていく。至高の陶酔が最低の嫌悪に変わる。悪臭を放つ唾液を袖口でぬぐい、醜悪な中年女性から背を向けた。

……ひとりになりたい。ひとりになって、友人たちと共有した楽しい時間に戻りたかった。テレビのニュースをくすぐったいギャグにして笑える世界へ戻りたかったんだ。

「コカコーラでも買ってきます」

オレはふりかえって「さようなら」と言いかけたが、その言葉を呑みこんだ。ブッダが死んだとき、「我々はブッダから解放されたのだ！」とひとり喜んだスバッダという弟子の気持ちがわかる。疑うことを知らないヨーコさんは一時間も同じベンチでコカコーラを待っているだろう。ヨーコさんから伝えられたものをほこりっぽい地面に吐き捨てると、ひとりでヴァラナシ行きのオートリキシャに乗りこんだ。

ヴァラナシ

オレの好きな言葉に「シャンティ」というヒンディー語がある。平和とか、静けさという意味だ。でもそれは、死んでガンガー（ガンジス河）に灰を流してもらう瞬間のことで、生きている間はそうはいかない。まるでガンガーの静謐さを浮き立たせるために、混乱と喧噪に満ちたこの街があるように。

レモンイエローの幌をはったオートリキシャで走る。自転車リキシャとはスピードがちがう。街の雑踏が密度を増し、オレは混沌のど真ん中につっこんでいく。たしかに心は痛んだが、ヨーコさんから自分を引きはがすにつれ、気持ちが軽くなっていくのも事実だ。今は目の前に展開される豊穣な喜悲劇を一億三千七百万個もあるという視細胞に焼き付ければいい。

自転車の荷台につまれたペッパーミントの緑と香り、ビジネスマンたちの水色のワイシャツ、ワインレッドにゆれるネクタイ、リキシャマンたちの生《き》なりのランニングシャツ、背中が汗でネズミ色に染まる。セルリアンブルーの座席にブライトピンクのサリーがまぶしい。巡礼者たちの真っ白いクルタ、メタルレッドのヴェスパに駝鳥の卵のようなヘルメット、リヤカーの上に並べられた茶色のマサラ、赤いチリパウダー、黄色いサフラン、エメラルドグリーンに塗られた看板に巨大な目が笑う、化粧品屋だ。青いシヴァ神のポスター、金細工のお盆、布地屋の極彩色、真っ黒い牛の糞塊、立ち昇る埃、排気ガス、ビディー（葉巻タバコ）の煙、チャイの湯気、香油、インセンス、そして水死体の腐臭と火葬の焦臭。

街はそこに暮らす人々の想念が描き出した蜃気楼だ。

インド最大の宗教都市が発する強力な振動に、オレの周波数がチューンされ、共振しはじめる。世界中どこを探したってこれほどスケールの大きな街は見あたらない。もちろん人口や面積の規模じゃない。街、それ自身が包みこむ精神の体積だ。ヴァラナシはその振り幅において、他の追随を許さない。聖と俗、美と醜、貴と卑、富と貧、楽と苦、健と病、春と老、食と糞、布施と窃盗、僧と娼婦、瞑想と麻薬、静謐と混沌、永遠と瞬間、そして生と死。まさに世界一のスピリチュアル・スーパーマーケットといったところだ。

オートリキシャを飛び降りて、その慣性で走り出す。大事なものはスピードだ！　願わくば、このスピードで一生をかけぬけていきたい。

錯乱する視界に乳濁色の水がそそぎこまれる。ガンガーだ！　たくさんの愛情を裏切り続けてきた自分を浄めることができるのは、ヒマーラヤの母乳ガンガーしかない。

ヒマーラヤから二千五百キロの旅を経てベンガル湾にそそぐ大河は、シヴァが天界から下ろしたといわれる。ガンガー女神は「いくらシヴァでも私を受けとめるのは無理だわ」と思った罰として、シヴァの髪の毛に閉じこめられる。やっと七年間の苦行を終えたガンガーは、このインド亜大陸に解き放たれた。

「バクシーシ、バクシーシ」お恵を、と差し出されるひからびた手をかわし、ダシャーシュワメード・ガートの石段をかけ下りていく。足指がもげ落ちたライ病患者の包帯に黄色い膿がにじみ出し、蠅たちが美味しそうに吸っている。有能なコジキになるために、手首を切り落とされた少年が笑う。幻覚キノコのような日傘の下ではバラモン僧が経を唱え、女たちがカゴに盛った花を売っている。グラと呼ばれる紅薔薇、ジャバは鮮血色のハイビスカスだ。ガンダは太陽の色マリーゴールド、そしてカモルは純白の蓮。蓮はヒンドゥー教徒の間でも聖なる花として崇められている。男たちがシーツをはためかせて立っている。乾燥屋、つまり人間物干し竿だ。青空床屋が鮮やかなバリカンさばきで黒髪を風に散らす。その横では息子だろうか、十歳くらいの少年が危なげな手つきで、客の喉仏《のどぼとけ》に一枚刃の剃刀を走らす。

巡礼者たちは思い思いに祈りを捧げ、体を洗い、シャンプーしたり、うがいしたり、飲んだり、ミントっぽい木の枝で歯を磨いたりする。泣き叫ぶ赤ちゃんを母親が沐浴させている。生後六ヶ月になった子供をガンガーに浸すと幸福な一生が送れるという。シヴァ神の乗り物である聖なる牛を老人が洗う。ボートに乗った白人観光客の団体が身を乗り出して写真を撮る。対岸は彼岸、または不浄の地とされ、何もない岸辺が続いている。オレは階段の縁に服をたたみ、バラモン僧にあずけた。

「冷てぇーっ！」

水中に続く階段は、死体の灰とか、水苔とかで、ヌルヌルすべって気持ちが悪い。とりあえず横のじじいのマネをしながら、両手ですくった水を何度か前方にこぼし、右手で自分の頭にかけ、両手を胸の前で合わせながら祈る。オレに気づいたじじいは、手を蓮のつぼみのようにふくらませるんだと指導する。

「オーム　ジャバ　クスマ　サンカシャンノ（オーム。太陽よ、あなたが目覚めるとき、ハイビスカスのように赤く）、カシヤペオ　マハドゥーティ（偉大なる行者カシヤペオのように輝く）。ダーンタリノ　サルバ　パプガナ（私の徳も罪も受け入れてください）。プルナトムシ　ディバカラム（太陽の神ディバカラムよ、あなたを祝福します）」

とりあえず口マネで復唱するがうまくできない。

「それじゃ、輪廻から解脱できないぞ」

じじいは右手で鼻を押さえると、ザブンと頭までもぐる。オレもマネしてもぐる。これを何度かくり返したあと、うがいする。それをオレの上流でやるもんだから泡になったツバが流れてくる。オレがうがいを断ったら、軽蔑の眼差しでにらむ。

「口を浄めなかったら、ウソや失言で身を滅ぼすぞ」

わかったよ、わかったよ。やればいいんでしょ！　オレはほんのちょっとだけ口にふくみ、すぐ吐き出した。あ〜、オレのツバも横の人の背中にはりつく。ごめんなさい！

じじいはうがいした水を飲みこむ。これみよがしに空になった口を開け、指さす。

「体を内側から浄めないと、病気で身を滅ぼすぞ」

そ、それだけはごめん、だめよ。だって前回それで、死にはぐったんだから。

オレはじじいを残して泳ぎだす。体が温まってきたせいか水の温度も快適だ。岸から三十メートルも離れただろうか、遠くでじじいが手を振っている。オレは首から斜めにかけたプラスチックの水筒にきれいな？　水をたっぷり汲んだ。

ザブンと大きな音がする。淡水イルカとわかっていても、あの背びれはちょっと恐い。遠くを巨大な蓮の花が流れていくのは、腐臭ガスでふくらんだ水死体だ。足とか引っぱられたらどうしよう。行きは平泳ぎでのんびり来たのに、帰りはクロールでバタバタ戻っていった。


河沿いを左に折れ、細い路地をぬけていく。ガンガーの水を銅の壺につめたガンガージャリーが売られている。うしろから歌声とともにやってきた団体さんに道をゆずる、死体だ。

竹製のはしご、タタリにかつぎ上げられた女性の死体は、色鮮やかなカファンという布にくるまれている。男の死体は真っ白いカファンにくるまれる。

「神の名は真実なり《ラム・ナーム・サッタ・ヘイ》」

この歌をくり返しながら、親族の男たちが小走りに運んでいく。

ここはヴァラナシを代表する火葬場、マニカルニカ・ガートだ。キャンプ・ファイアーのように組まれた薪の上に人間バーベキューが並んでいる。どれもウェルダンを通り越してニガそうだ。おこぼれを狙う犬たちがもったいなさそうによだれをたらした。

死者は踊る。陽気なダンスだ。

炎の中でくすぐったそうに身をよじり、もじもじと恥ずかしそうに縮こまる。死体は火力の強い真ん中から燃えていく。焼け残ったつま先が、グルン！　と背中を向いたりして、ドキッ。

どうして死体って、こうユーモラスでチャーミングなんだろう？

魂が頭蓋骨を割って出ていく音をたてるまで、死者は生きているとされる。親族の男たちはその音を確認するのが義務づけられてるんだ。しかしだな……ドムと呼ばれる火葬屋カーストが竹竿で思いっきり頭蓋骨をひっぱたき、火の中に落とす。おいおいトスバッティングじゃないんだから、もうちょっと丁寧に扱えよ！　なんて誰も言わない。経を唱えるバラモン僧も眠そうだ。

三時間もすると、もう薪だか大腿骨だか見分けがつかなくなる。灰はカラシと呼ばれる金属の骨壺に熾火が残ったまんまつめられ、舟からガンガーにまかれる。

ヒンドゥー教徒に墓はいらない。これってなんか、ヤクザ映画のタイトルみたくてカッコ良くない？『オレたちに墓はない』ホント人生ってはかないよ！

ここの人間焼却場だけでも、多いときでは四十人以上、二十四時間営業で燃やし続けるという。料金は千ルピーから五千ルピー（三千～一万五千円）。インド人にとって一ヶ月の給料以上に値する金額だ。河に流されなかった幸運な子供は、燃え残りを集めて焼かれ、金持ちは白檀の香木で焼かれるという。

物見やぐらのひとつを野良牛が占領し、その横で観光客が写真を撮ったの撮らないのともめている。鐘の音が鳴り響き、シヴァのリンガ（男根石）に花が捧げられ、オレの足もとで爆竹を鳴らしたガキどもがしかられる。ザマーミロ。

こんなにあっけらか～んとした死が、無修整ヌードのように並んでいる。

ここでは、
誰も死を恥ずかしいものだと思わない。

誰も死を汚いものだと思わない。

誰も死を終わりだとは思わない。

誰も死を他人事だと思わない。

マニカルニカ ガートの火葬場

誰も死を生から切り離さない。

誰も死を隠さない。

人類史上最初に死者を埋葬したのはネアンデルタール人だ。彼らは現代人より約一五〇cc大きい脳を持ち、サイキックな能力を備えていたと言われる。イラクの洞窟で発見された六万年前の埋葬跡では、遺体のまわりに大量の花粉がしきつめてあった。花葬……この男は花に埋もれて葬られた。彼らがどんな生活を送っていたかは謎だが、なんて優雅な知性なんだろう。死者の扱い方を見れば、その文明の奥行きが計れるのかもしれない。

よし、ここから一番近いホテルを探そう。焼き場のすぐ先の階段を登っていくと、看板を見つけた。

KASHI GUEST HOUSE C.K 9/5 MANIKARNIKA GHAT

オレはさっそくサオという名のオーナーに部屋を案内してもらった。サオはなるべく火葬場から遠い部屋を紹介しようとする。

「このホテルはとても便利なロケーションにあるのに、火葬場がとなりなもんで客がよりつかん」

「火葬場に面した部屋は安いんですか?」

「ああ、でも煙が入るよ」

「安くしていただければ、がまんしますよ」

作戦成功! ベランダのついた最上階の部屋を、一日五十ルピー(百五十円)にまけてもらった。真下の火葬場や、ガンガーが向こう岸まで見渡せる。オレは胸一杯に死者の香りを吸いこんだ。それはババチョフが死ぬ前の甘酸っぱい匂いとはちがって、みょうになつかしい臭いだった。

夕闇がヴェルヴェットのような手触りで、街の喧噪を包みこんでいく。やさしく手なずけられた夜の底で、炎は静かに燃え続ける。小さなランプを灯した舟が行き交い、ガンガーは魂を運ぶ。インド人は灰をガンガーに流してもらえれば、輪廻から解脱できるという。チベット人は死体は魂の抜け殻だから鳥に捧げ、祈りによって輪廻からの解脱を願う。ホピ族は「ROAD OF LIFE」(生命の道)にのっとって生きれば、カチーナという精霊になって輪廻から解脱するという。

オレはこの世に、また戻りたいと思う。

「それは、甘い」

と、ホテルのオーナー、サオは言う。

「それはあんたが、リッチな国に生まれたからだよ。わたしには三人の娘がいるが、長女はここで料理を作ってくれる十八歳のスニタ、次女は十五歳のアニタ、CP (Cerebral palsy 脳性小児麻痺)だ。三女は十二歳のリリー、耳が聞こえない。その下にも幼い子供がふたりいる。五人の子供と、妻と親戚をふくめて十五人の生活を支えねばならんのだ。正直言って、頭が痛いよ」

サオはオレを夕食に招待してくれた。雌牛のような奥さんと長女のスニタが食事を運んでくる。でかい手さげ鍋にはいったパーラク(ほうれん草)のサブジー(野菜カレー)だ。それをベコベコになった定食皿に取り分ける。

走りまわる三歳の息子をつかまえて、奥さんが手で食べさせる。リリーは六歳になる四女のこぼした物をひろってあげたり、よくめんどうをみている。

サオがCPのアニタを持ち上げ、スニタが下にビニールシートを敷く。そしてかっぽう着のような全身エプロンを着せる。

「このアニタもね、ただのやっかいもんじゃないんだ。おれはアニタに二度も命を救われたよ。友だちの車でポロ・ゲームを見に行く朝だった。アニタがやけにつっかかってきて、できたてのカレー鍋をオレの足にひっくり返しちまいやがった。こんな火傷じゃ行けないって友だちに電話した二時間後だ。そいつのセダンはトレーラーとクラッシュ！　即死だったよ」

サオがアニタの口をむりやり開かせて、サブジーをつけたチャパティーをつめこむ。アニタの口からクリーム状になったカレーが垂れた。

「もうひとつは、ついこないだだ。アニタの熱が下がんないんで、そこのマルワリ病院に連れてくときだった。アニタがいつもピチャピチャやっているお気に入りのタオルを落としたんで、アニタをおぶったまんま三メートルほど引き返したんだ。ドスン！　ていう大音響にふりむくと、さっきいた場所に溶接用のアセチレンボンベがころがっていた。きっとアニタは我々とはちがうもんが見えるんだろうなあ。これもひとつの才能だよ」

今さらながらヨーコさんの言葉がよみがえってくる。

「宇宙は伝言ミスによって進化していくわ。人類だってそうよ。いばっていたマジョリティーがひとつのウィルスで全滅して、落ちこぼれや社会のクズと呼ばれていたマイノリティーが生き残っていくかもしれないの」

オレも昔、マンハッタンの二十三丁目にあるＣＰホームでボランティアしたことがある。はじめ絵を描かせてくれませんかと申しこんだが、断られた。「彼らの美しい体が描きたいんです」なんて本音を言っちゃったから、怪しいやつだと思われたんだ。そこでボランティアとしてもぐりこんで少しずつ信用を得たあと、やっと許可が下りた。

三十人のCP患者がいっせいに食事をとるもんだから、この家の何十倍もすごかった。食事がすむとみんな機嫌良くなって、昼寝をしたりする。そのすきを狙ってデッサンするんだ。だんだんみんなと仲良くなってくると、「ぼくも描いてよ」なんて言ってくれたり、よだれを垂らしながら一生懸命動かないでポーズをとってくれたりする。

彼らに感情がないなんて言うやつの方が知恵おくれだ。六十億人の人間がいれば、六十億枚のちがったデッサンがある。完璧なものは一枚もないが、劣ったものも一枚もない。

オレたちは毎日を死んでいる。それに気づけば「あ〜、今日も一日悔いのないように死のう」とか「今日は死にがいのある一日だった」とか言えるかもしれない。

人間はこの世に生まれ落ちた瞬間から、死にはじめる。もっと正確に言うと、受精の瞬間から死ははじまっている。ひとつの生命の誕生でさえ、三億〜六億個の精子の死を要求する。ましてやマスターベーションや体外射精で失われていった精子の数は膨大なものになる。卵子は左右合わせて五十万〜二百万個あって、一生で四百〜五百個の排卵をする。天文学的な確率もしくは運命で死をまぬがれた精子と卵子は一個の受精卵となり、六十兆の細胞に分裂していく。体細胞は着実に死への時間を刻みはじめ、一日にだいたい味噌汁一杯分が死ぬ。脳細胞は毎日数万個死に続ける。全身をおおう表皮細胞はケラチン角質で満たされ、とっくに死んでいる。細胞は空気に触れると死ぬが、その前に自殺するのだという。こうして死は生を保護してくれている。どんなにお肌がすべすべのアイドルも、全身くまなく死におおわれているんだ。細胞内分子の酸化によるダメージは蓄積されて、老化とともに死を待つ。

そんなあからさまな事実を思い出させてくれる場所がある。「死を待つ人の部屋」だ。多くの巡礼者がヴァラナシで死ぬのを夢見てインドじゅうから集まってくる。その中の何人かは、そこへ住み着く。それぞれのふところぐあいと事情によって部屋を選ぶ。

成功したビジネスマンや、もと大学教授などが、俗世を捨て、中庭付の優雅な建物で共同生活をする。一日何回かいっしょに経文を唱え、ガンガーに向かって祈禱する。日中はお互いに哲学問答をかわしたり、自由に外出する。こう書くと、聖者が作った生きているうちに悟るためのアシュラムと同じに聞こえるが、ひとつだけちがうところがある。

ここを出るときが、この世を去るとき、つまり……全員が死を待っているんだ。

女性だけの部屋もある。夫に先立たれたり、嫁いだ先でじゃま者扱いされたり、実家は貧しくて戻れなかったりする後家さんなどが集まってくる。女たちは肩をよせ合い、ガラスのない窓から一日中ガンガーに祈りを捧げ……死を待つ。

熱烈なガンガー信仰に身を捧げるサドゥーや老人の部屋は、もう〝死を待つ人の部屋〟じゃない。〝死を追う人の部屋〟だ。

一切食事はとらず、一日三回お椀一杯のガンガーの水だけを飲み、餓死を待つ。個室はない。ガンガーを見おろす大広間で、全員が瞑想だか、昏睡状態だかわかんない中、死んでいく。消極的に生きるよりも、積極的に死んでいく、バカたち。

これを笑うオレたちも、日常という昏睡状態の中で死んでいくんだ。スーパーマーケットの棚のように腹いっぱいの肉体と、番組の終わったブラウン管のように空っぽな心で。

「生物は多様化するために死を発明した」ヨーコさんの言った言葉が少しずつ重みを増してくる。もしかすると人は自らが創造した死とバランスをとるために、神を創造したのかもしれない。神が人間を作ったんじゃない、人間が神を出産したんだ。

日本には八百万《やおよろず》の神がいたが、インドには三億三千万の神がいるという。神を多様化し、名前を与え、命を吹き込んだインド人でさえ、よそから入ってくる神々は差別する。人種差別じゃなくて、〝神種差別〟ってとこだ。悲劇はいつも多様化を拒む万里の長城、ボーダーからはじまる。一九四七年のパキスタン分離独立のときは、ラホール国境ですれちがうヒンドゥー教徒とイスラム教徒が互いに殺し合い、血の水たまりで泳げたという。

数あるインドの聖者の中でも、徹底的にボーダーを越えてしまった男がいる。なんかこの人だけは他人とは思えないんだよなあ。オレの大好きなラーマクリシュナだ。

ゴドゥリヤーからルクサ・ロードを西へしばらく歩くと、左手にラーマクリシュナ・ミッションがある。自由に出入りできる門から広い中庭に出ると右手に本屋がある。営利目的じゃないので、七ルピー（二十円）くらいで英語版の『ラーマクリシュナ伝』なんかが買える。

ラーマクリシュナはオレたちトランス大好き人間の大先輩である。いつでも、どこでも、どうとでも、トビます、イキます、入りますって、ストーンしちゃうんだ。

大先輩が愛したのは、恐怖の暗黒女神カーリーだった。生首ネックレスと生腕スカート、切りとった魔神の首から滴り落ちる血を長い舌ですすりながら、夫シヴァの上で狂喜のダンスを踊る。大先輩はカーリーを眼前に見ることができた。食事中でも、お寺の庭を掃いているときでも、人と話をしているときでも、カーリーをイメージしただけでトランスしちゃうんだ。

一八三六年二月十八日ベンガル地方の貧しい農民の家にガダーダル（ラーマクリシュナ）は生まれた。六歳で豪雨の中、最初のトランスを体験する。子供の頃から美しい声で神への讃歌を歌い、宗教神話には異常な聡明さを発揮したが、学校の勉強は大嫌いだった。落ちこぼれガダーダルは、カーリーと同一視される女神、ドゥルガ・プージャの祭にガンガーの河泥から見事な彫像を作ったり、自分で劇団を作って神話劇を演じた。主役のシヴァ神を演じているときに舞台に倒れこみ、二度目のトランスを味わった。

下級カーストの女性ラニー・ラスマニーが作ったカーリー寺院の司祭になった兄ラームクマールが、一八五六年この世を去った。字も読めないし、ろくに学校も行ってない二十歳のガダーダルは兄の跡を継いだ。

破壊の女神カーリーと直接的なトランスでつながっちゃった彼は、ヒンドゥー教のこまごまとした儀礼を無視しちゃう。そして、とんでもないことを言い出すんだ。

「屋根に上るには石段でも、木のはしごでも、竹のはしごでも、綱をよじのぼっても、竹竿で飛び上がってもいい。どの道を通っても神様のところへ行ける。ヒンドゥー教もキリスト教もイスラム教も、宗教はみんなひとつだ！」

これは十万年前のネアンデルタール人から現代へと続く宗教史の中で、原子爆弾にも匹敵する革命思想なんだけど、痴呆症のように幸せな歯っ欠けじじいに言われると、それもそうだなって気になっちゃう。

「宇宙はひとつの歌であり、遊戯以外のなにものでもない。踊れ、歌え」

ラーマクリシュナはカーリー女神の破壊力を美しい音楽に、暴力を繊細な詩に、変換できた唯

Ramakrishna
仮免マキカリガリ博士カリメロ
カリフラワー カリカツ
カリ高 カリントウ
刈り上げ カリエス
童貞狩り
カリスマ
わかりました
おおっ! カーリー カーリー
うっかり
ちゃっかり
まさかり
青酸カリ ポカリスウェット
ガッカリ 石狩鍋 係長 カリカリベーコン
秤
女盛り
はばかり うそばっかり
しっかりしてよ! ドラゴン怒りの鉄拳

一の人間だった。

はっきり言って、宗教は人を救わない。

宗教集団は似たもの同士のエゴを柵で囲った優越感によって成り立っている。「あたしの神は正しくて、あんたの神はまちがってる。あたし（の神）は、あんた（の神）より偉い」こんなくだらないゲームをくりかえしてたら、いつまでたっても個を、自我を、表層意識を越えられないだろう。後継者ヴィヴェーカナンダはこう言った。

「我々の持つ欲望も神である。欲望を満足させるために買ってきた品物も神である。自分の失敗も、他人の失敗も神である」

ヴィヴェーカナンダの天才的指導力によってラーマクリシュナの思想は広まり、世界中に支部を持つ宗教団体というか、思想運動に発展していった。

ラーマクリシュナのようにナチュラル・トランスできないオレは、一杯のジュースにヘルプを求めた。

バング・ラッシーって知っているかい?

樹脂《THC》をあまり多く含まない葉を乾燥させた大麻をすりつぶし、ヨーグルトジュースに混ぜて飲む、つまりマリファナ・ジュースのことだ。

ラーマクリシュナ・ミッションからゴドゥリヤーに戻ると、交差点の右角に、バング・ラッシーの有名な店がある。普通のラッシーは四ルピーで、バングの量によって六ルピー、八ルピー、十ルピーまである。十五年前もやったはずだが、どのくらい効いたのかは憶えてない。ってことは、どうせたいしたことねえだろうと、おやじに特別注文した。

「十五ルピー払うから、うんと強いの作ってよ。エクストラ・ストロング！」

おやじはシェイカーに白いラッシーと濃い緑のバングをそそぎこんだ。グィーン、グィーン！と出てきたものは、真緑の液体。

うわっ、ラッシーの甘味が消えてニガイ！　まずいもんだから、一気に飲み干す。「アッチャ！」まわりのインド人も驚いている。

ちぇっ、全然効いてこないじゃねえか。オレは迷路のように入り組んだ路地をあてもなく歩き出した。人間ふたりがやっとすれちがえるような狭い道に、びっしりと専門店が軒を連ねている。小物からアクセサリー、生地屋から宝石屋まで、巡礼者相手の贅沢品やおみやげ物屋だ。

胃袋が熱を帯びて、平和な弛緩がはじまる。海底をただよう軟体動物のように体が不自由さを楽しんでいる。ポカラのハッシシとは対照的なダウナー系だ。眼球を薄い膜がおおい、見るものをオパール色に干渉する。石畳の上にビンのかけらがきらめいた。まるで屈折率まで計算して割られたかのように美しい。道をふさぐ雌牛の小陰唇、軟便に群がる銀蠅、捨てられた野菜クズ、すべてが絶妙の色彩を放って、開かれた瞳孔をめがけて飛びこんでくる。「う〜む。あんな配色は、マネだってモネできない」くだらないギャグに何度もひとりで吹き出しちゃう。白蟻が表皮の下にもぐりこんで全身をくすぐる。笑いすぎて喉が渇いたなあ。レモン味のリムカをラッパ飲みし、蜜づけのココナッツケーキを食らう！　もし天国に食い物があるならきっとこんな味だろうな。この空腹感を英語ではマンチというが、マリファナはこの世で最高の調味料だ。

行けども行けども永遠の迷路は続く。ヤバイ、足もとがふらついてきた。どこだ、オレはどこを歩いているんだ？

いきなり角から少年が飛び出してきた。白目をひんむいて、ナイフをかまえている。

「マニ、マニ」（カネ、カネ）

オレはマンガチックな少年の登場に笑いかけたが、あの鋭利な金属の突端はオレに現実の痛みを突きつける。ガキはまだ十歳かそこらだろう。うす汚れたランニングシャツに廃タイヤで作ったサンダル、せりだした額に汗の粒がにじみ、口をすぼめて前歯を吸っている。おいおい、たのむからオレがしらふの時に出直してくれよ。

オレは眼球に力をこめ、遊離しそうになる意識をつなぎ止める。少年の手が震えているのが見えた。今だ！　金を出すふりをして、少年の顔面にショルダーバッグをたたきつけた。同時に足払いでなぎ倒す。乾いた音を立ててナイフが石畳に転がる。とっさに手を伸ばしたが……再びナイフを手にしたのは少年だった。しりもちをついたまま少年はナイフを両手で握りしめる。刺せるもんなら刺してみろよ。オレは上からつめよっていく。少年は刃先をオレに向けながら、石壁を背にじりじりと立ち上がっていた。

このクソガキ、ほら、殺《や》れるもんなら殺《や》ってみろってば！

恐怖が少年を狂暴にした。ナイフがオレの鼻先をかすめ、めくらめっぽうにふりまわされる。そのひと突きが左腕を引っかいた。チッ！　火傷のような痛み。ゆっくりと血がにじみ出していくのがわかる。まるで他人事のようだ。バング・ラッシーのせいで体が言うことを聞いてくれない。シャシャッと影が踊る。ヤバイな、こいつ本気かも知れない。鋭いひと突きをオレは右肩でかわす。心臓を遠ざけるためだ。うわっ？　オレのかかとを何かがすくい、うしろ向きに放り投げられる。ブリキの牛乳壺がけたたましい音を立て、石畳で背中をしたたか打った。上を見た瞬間、少年がナイフをふりかざし、おおいかぶさってくる！　わずかの差だった。オレは右足で少年の腹を止め、横にころがっていた牛乳壺で少年の右ほほを打ちすえた。鈍い衝突音が空洞に響き、はじけ飛んだ少年の手首をひねりあげる。幼い顔を苦痛にゆがめ、少年はナイフを落とした。

「ナッヒン、バチャオ！」（やだ、助けて！）

さっきまでオレの命を狙っていた無頼漢は、泣き虫な子供に変わっていた。オレは少年のナイフを自分のポケットにしまい、代わりにキャンディーでもやろうとバッグの中に手をつっこむ。硬くて冷たい金属が手にふれた……ハーモニカ？　元町のバッタ屋で万引きした物だ。ニッキの面影に口づけするように吹いてきたハーモニカを、少年の手ににぎらせた。

「ほら、吹いてみろよ」

あっけにとられている少年をせかすと、恐る恐る鳴らした。背中をパーンとどやしつけると、あわてて大きな音で和音を吹く。少年は欠けた前歯をむき出し、はじめて微笑んだ。

「ガンガー、カハーンヘ？」（ガンジス河はどっちだ？）

ハーモニカの和音に見送られて、オレはガンガーへ歩き出した。ヴァラナシで道に迷ったら、ガンガーに出ればいい。雨季じゃない限り、河沿いを通って、ガートに出られる。

力いっぱい放り投げる！

ナイフは放物線の軌跡の上を輪舞する。くるくると銀色に陽を照りかえす金属、楽器と交換された凶器、オレの内臓に食いこむはずだった少年の悪意。それは、ポション！　と情けない音を残して、母なる河ガンガーに飲みこまれていった。

カジュラホ

エクスタシーの絶頂で誰もが小さな死を体験する。ＳＥＸは死の予習だし、死はＳＥＸの復習だ。両方とも魂の授業には欠かせない宿題なんだ。

ヴァラナシから夜行列車に揺られて八時間、翌朝六時にサトナーに着いた。ここからバスで四時間、実にのんびりとした農村、それが世界的エロ遺産の眠るカジュラホだ。水苔のはった沐浴池の向こうにはエロ寺院の群れが勃起している。

ヨドヴ・ロッジのオーナーは、ヘミングウェイみたいなアル中のドイツ人だ。ブリクサという、なんか臭ってきそうな名前だ。ひさびさの酒に喜んだオレは昼間から祝杯をあげた。ブリクサはヒンドゥー教に改宗したが、酒を飲むときはクリスチャンになると言う。

「なんでヒットラーが負けたかわかるか？」

「ジャンキーでオカマで芸術家だったからじゃないすか？」

「ある意味じゃ、やつは最高の芸術家だった。理想の人種を作るとか言って、金髪碧眼《へきがん》のゲルマン人たちに無理矢理子供を産ませたんだ。近親相姦というか、今のクローン人間を先取りしていたんだなあ。そりゃあ世界中の生物の半分はＳＥＸなしでやっているよ。でもな、クローンは弱いのよ。こんな危険に満ちあふれた世の中で、生き残れるのは雑種だけだぜ。おれなんか四人も子供いるけどさ、父親がインドで飲んだくれてても子供はちゃんと育つんだ」

　ブリクサは竹製のイスからずり落ちそうなほど酔っている。

「よっぽど理解のある奥さん《ワイフ》なんですね」

「奥さん《ワイフ》じゃなくて、奥さんたち《ワイヴス》なの。ウィーンにひとりと、ギニアビサウ、カラカス、昆明にいるよ。やっぱり似た者同士で傷なめ合っているよりも、似てない同士で性器なめ合った方がいいだろう？　そうそう、ここにも恋人がいるんだ。パーリーっていう娼婦だ。若くてきれいだぞ。オレの恋人がどのくらいステキか、試してみないか？」

　ブリクサの話しぶりから、金目当てではないらしい。純粋に自分がいいと思ったものを、他人にも知ってもらいたいというタイプだ。感動した本を他人に貸したり、宗教の勧誘と同じように、喜びを共有したいらしい。

「電話入れとくよ。やつも酒好きだから、このポケットボトル持っていきな」


　地図で示されたナロラ池の角に自転車を止めた。誰もいない。オレは土手に腰かけて、力なく石を拾って投げた。夕闇の中に小さな波紋が広がっていくのが感じられた。

「ハロー、ミスター！」

　突然の大声にふりむくと、小さな女の子が立っていた。ボサボサにひっつめた髪に真っ黒な目、いたずらにかすれた額の紅、チョコンとのっかった鼻の下に、カペカペの鼻水が乾いている。何がうれしいんだか、前歯が一本抜け落ちた口を開いて笑っている。とんだ歯っ欠け美人だ。

「プリーズ」

フリルのついたワンピースの胸に、赤いリンゴのアップリケがついていた。まつり縫いでつけられたフエルトの赤が白い木綿地に染み出している。女の子はリンゴのポケットから取り出したキャンディーを小さな手のひらでつき出した。

オレはおずおずと黄色いセロファンをつまみ上げ、乳白色のキャンディーを放りこむ。甘酸っぱいミルクキャンディーだ。

「ママはお家よ。レッツゴー、ミスター！」

ママ？　あ～よかった。ガキの子守に来たんじゃねえからな！　オレは自転車の荷台にガキを乗せた。キャッキャ笑いながらオレの背中にほっぺたをうずめてくる。オレって子供とか動物になつかれちゃうんだよな。損な性格だなあ。

「マイネーム・イズ・スジャータ！」

ガキは小さな腕をいっぱいに伸ばして、オレを背中から抱きしめた。子供ってホント、無邪気でかわいいなあ。

しみじみ……。

だから、しみじみしてどうすんじゃ、しみじみして。オレは今からこの子のお母さんを買いに行くんだぞ！

「ママー！」

スジャータが元気な声で叫んだ。土壁《つちかべ》の粗末な小屋が並んでいる。うす紫のペンキがはげかかった木戸に、ママは立っていた。完璧な直線で真ん中分けした髪は、キッとうしろに束ねられ、

スジャータ
この無邪気さがコワイ
ミスター ねえ?
ミルクキャンディー

マッチどころかタバコ一本のりそうなまつげの下から力強い瞳が見返してくる。額と唇の紅は「たった今ひとり食べ終わったところよ」と血をぬぐったカーリー女神みたいに濡れていた。

「どうぞ、部屋へ入って下さい」

焚きこめたジャスミンの香りが種の本能にからみついてくる。三畳くらいの粗末な部屋には古い木製のベッドがひとつ。水に浮いた一本の陰毛がアルマイト洗面器の底に影を落としている。

「ミスター、マイルームを見せてあげるわ！」

うわ〜、やな予感。シヴァとパールヴァーティーのポスターのはられたついたての向こうには、英語の教科書ののった小さな木箱が置いてあった。畳半畳くらいのスペースだ。

「あんたは、勉強してなさい！」

スジャータはしぶしぶ、ついたての向こうへ引き上げる。

「あのう、スジャータもいっしょの部屋なんですか？」

「あたしもこうやって育ってきたの。これも教育よ」

ママはきっぱりと言い切ると、オレのジャケットをやさしく脱がせてくれる。

「あなた、ショートでしょう？」

「あ、あんまり比べたことないけど、普通サイズだと思います」

パーリーははじめてクスッと笑った。笑うとママはカワイイ少女になることを発見した。

「それじゃなくて、一時間か、泊まりかってこと」

「すいません。ショートです。これブリクサからのおみやげです」

せっかく折りたたんでもらったジャケットから、ポケットボトルを取り出す。パーリーはラムを素焼きの茶碗についだ。茶碗の底から干からびたチャイのカスッ葉とミルクがよろよろ溶け出していく。

「あれ、あなたは飲まないの？」

パーリーは下まつげまでシャドウで縁取られた瞳でにらみ、ポケットボトルから直接ラムを口にふくんだ。妖艶な唇から赤い舌がチロッと光る。いきなりオレのほほを両手で引きよせ、口移しにラムを流しこむ。生温《なまぬる》いアルコールがオレの口の中で燃え上がった。パーリーの細い指が、オレのシャツのボタンをゆっくりとはずしていく。袖口のボタンがひっかかったままの手首をつかんで自分の胸に押しあてた。オレは円を描くようにして小さな乳首を探し当てる。パーリーをベッドに横たえ、ゆっくりとおおいかぶさっていこうとする瞬間……。

うふっ！

なんだ？　パーリーも顔をねじ曲げる。あっ、枕元においたはずのボトルがない！

ふっふっふっふ〜！

シヴァとパールヴァーティーを下敷きにして、ついたてが倒れる。ヘッドスライディングから顔を上げたスジャータが笑っていた。

「ハロー、ミスター！　あたしがおじいさんだった頃もラムが大好きだったの」

何、わけのわかんねえこと言ってんだよ。このクソガキ、残りを全部飲んじまいやがったな。

「またそんな作り話言って！　仕事中に出てきちゃいけないって、あれほど言ったでしょ！」

パーリーはスジャータのオシリを勢いよく叩きはじめた。手をふり下ろすたび、たくさんの腕輪がバシャーン！　バシャーン！　と鳴り響く。

「ヘルプミー、ミスター！」

スジャータは土壁が崩れそうな勢いで泣き出した。オレはしかたなくスジャータを奪い取る。涙でとけだしたアイシャドウで、オレのほほまでまだらになった。スジャータをおんぶしてやると、夢の中に溶け入っていく呼吸が背骨に伝わってきた。

「あのぅ、あたしがおじいさんだった頃ってなんですか？」

「この子の勝手な妄想よ。はじめて遺跡に連れていったときに、〝ここには何回も来たわ〟なんて言い出したの。それから行ったこともないヴァラナシの話をしだしたり、むずかしい英語の単語を知っていたり、気味悪いわ。どうやら今日はもう仕事にならないみたい」

妖艶だったパーリーは、子供を気づかう母親に変わっていた。オレはスジャータを起こさないようにベッドに横たえ、部屋を出た。

ホトホト……オレはいったい何しに来たんだ？


「グッドモーニング！　ミスター」

フライパンを落としたようなノックに目覚めた。

「今日はあたしがガイドよ。ミスターに償いしないとカルマが増えるって、ママに言われたの」

スジャータはスタスタとベッドにかけてあるズボンを持ってきた。

「ミスター、早くビッグ・リンガをしまって！」

えっ、リンガ？　……シヴァった、朝立ちしてしまった！　オレは急いでズボンをはくと、エロ寺院観光に連れ出されていった。

「ミスター、チャンデラ王の物語は知っている？　今から千年も前、月の神がガンガーで沐浴するヴァラナシの娘に恋をしちゃったの。そして生まれた男の子が大きくなって、チャンデラ王国を作ったのよ。チャンデラ王はカジュラホに、ヒマーラヤのように美しい寺院を建てたの」

「よくそんなに勉強したね」

「うん。おじいさんだったときにね。ミスター、これが三十一メートルもあるカンダリヤー・マハーデーヴァ寺院よ」

宇宙ロケットのようなたくさんの塔が重なり合い、緩い曲線を描いてそびえ立っている。正面の石段を上っていくと奥行きのある玄関があり、大広間へと抜ける。

「おじいさんって誰のことだよ？」

「あたしよ。あたしがあたしになる前は、クマールって男の人だったわ。一生かかって古い歴史を勉強していたの。ミスター、あれがシヴァのリンガよ」

暗い拝殿の奥には、百人分くらいのチンポを束ねた極太の男根石がある。

「あたしは奥さんも子供もいなかったから、ひとりで死んだの。それからママのお腹に入るまでの間は、死んだ両親や友だちたちと幸せに暮らしていたわ。そこはとても楽しいところで、みんな自分のしたいことだけをすればいいの。それに、とても大きな図書館があったわ」

「おいおい、あの世にも図書館があるのかよ？」

「あたしがおじいさんだった頃行ってたヴェナレス大学の図書館みたいのとはちがうの。本は毎日書き換えられていて……そう、図書係の人は、『魂の本』って呼んでいたわ。『魂の本』には、良いことも悪いこともさまざまな人生が記録されていくの」

　オレたちはとなりにあるデヴィ・ジャガダンバー寺院のまわりに彫られた見事な彫刻群をながめた。象牙色の砂岩がアーティストたちに命を吹きこまれ、時代の息吹きを封印する。戦争、ダンス、音楽、食事、見返り美人、両性具有者、ゲイ、レズビアン、馬との獣姦、天女アプサラース、たれ乳婆《ちちばばあ》、そしてシャクティー（セクシー・パワー）あふれる交合歓喜像！

「ママのお腹を選んだときも、図書係の人が相談にのってくれたわ。君がもっと勉強できる本はどれかなって。無数にある本の中から何冊か選んでもらったんだけど、あたしは迷わずママの本を選んだの。こっちの世界に戻るときは、来るときと逆だった。明るいところから暗いところへ落っこっていって、恐かったわ。気がつくと、赤い暗闇にうるさい音がひびくママのお腹にいたの。ねえミスター、ファック像は女を月の神ミトゥナといって、男を死の神ヴァルナっていうのよ。その男女がファックすることによって、新しい命が誕生するの。ステキでしょう？」

　からみ合う男女がうねるような躍動感を生み、天上へと噴射する。逆立ちファック、スタンディング・ファック、アクロバット・フェラは片手倒立した女が蛇のようにのびた男根をほおばっている。男は女の太ももを肩にのせ、女性器に舌をのばす。サンガタカムという男ひとりに女三人の４Ｐでは、ガニマタに持ち上げられた女に男根が見事に合体していた。

　オレたちを創作に、性にかりたてるこの炎はなんなのだろう？　背後からオレたちを操り、出会わせ、戦わせ、愛し合わせる意志。そいつはオレたちの肉体に乗りこんでは捨て、捨てては乗りこんでくる。オレたちはボロボロになる臨界点までそいつを押し上げ、前世よりは現世、現世よりは来世と高めていく。

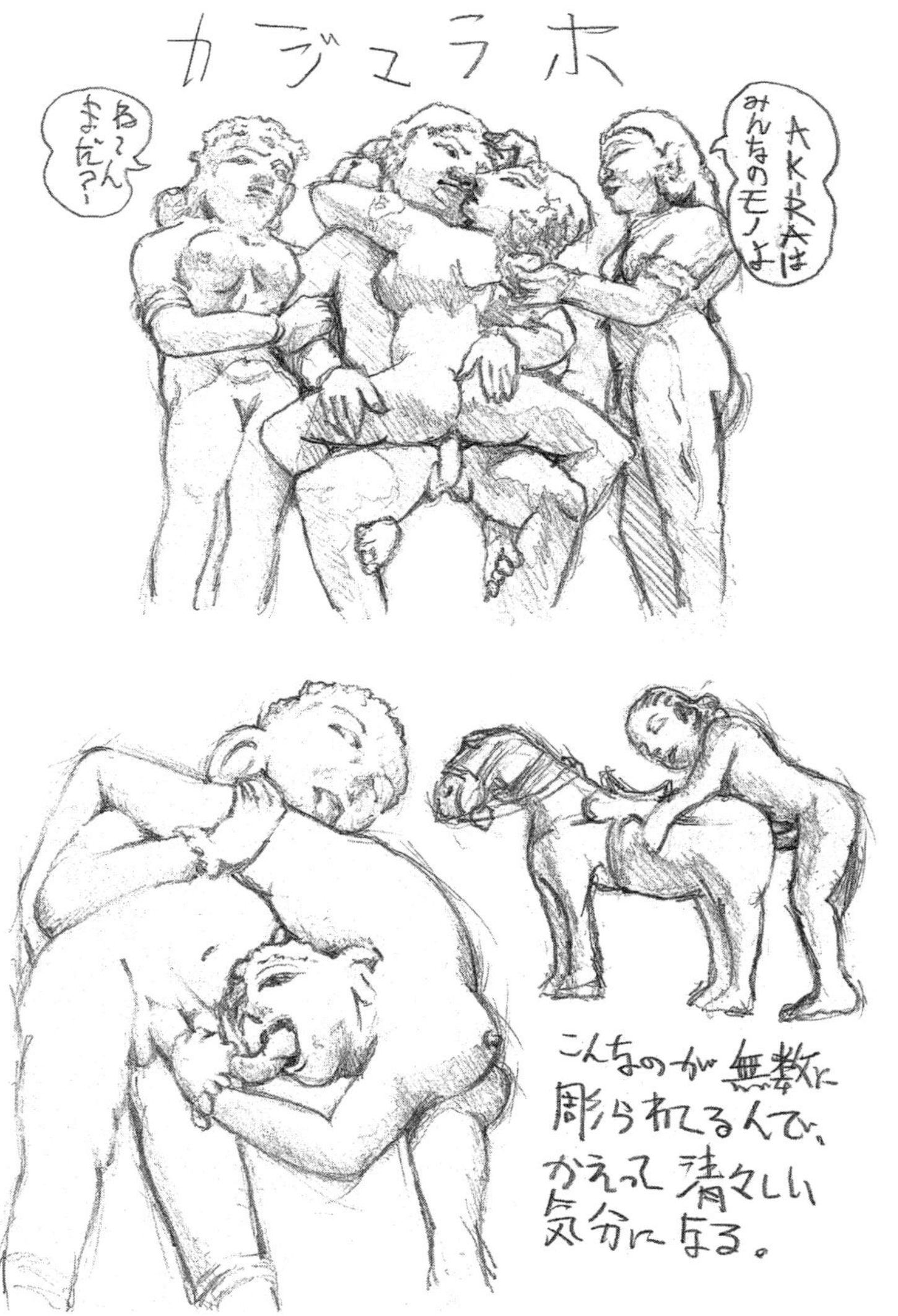
カジュラホ
AKIRAは
みんなのモノよ
ね〜ん
まだァ?
こんなのが無数に
彫られてるんで、
かえって清々しい
気分になる。

もし魂の本があるのなら、それはオレたちそのものだ。罵詈雑言に満ち、卑猥な落書きに彩られ、愛の言葉がちりばめられる。最後のページが閉じられたとき、それは高らかに燃え上がるだろう。炎は亡者を巻いて天へとのぼっていく。

「きれい……ママみたいに」

スジャータを家まで送ってやると、パーリーは仕事の真っ最中だった。入口の陰からオレとスジャータがそっとのぞくと、ニッコリと微笑みを返してくれた。汗水から愛液まで流してスジャータの養育費を稼いでいる。心から、偉いなあと思った。スジャータもわかっている。そんな母親を誇りに感じているんだ。

スジャータがしつこくせがむんで、おんぶしてやった。最初に出会ったナロラ池は、紅化粧された鱗雲《うろこぐも》を映している。

「ねえミスター、あたしが大きくなったら、ジャパンに連れてって」

スジャータはグイッと顔をつき出し、母親ゆずりのおっきな瞳を輝かせて言った。

「ミスターは働かないで、ずっと絵を描いてればいいのよ」

「そりゃけっこうだ。バスガイドでもやるか？」

「そんなんじゃいや。あたしママみたいにりっぱな娼婦になって、うんと稼いであげるから！」

スジャータのうしろに老学者が見えたような気がする。「今世ではＳＥＸを実地に勉強させてもらいます」って頭をかいている。

スジャータは鼻をすすると、魂の本にしおりをはさむように眠ってしまった。

アラハバード

貧しい国に変態はいないというのはウソだ!
変態発展途上国の日本では軽蔑されるが、変態先進国インドでは聖者として崇拝される。
変態さんは社会が隠してきたものを暴く! 自分や他人を犠牲にして、生との境目にある死をかいま見させてくれるんだ。

ガンガーとヤムナー河が合流する聖地アラハバードでは、十二年に一度インドじゅうの聖者が一堂に会する祭、クンバ・メーラーが行われる。太陽と月が山羊座に入り、木星が牡牛座にはいる聖なる五週間に、合流地点で沐浴すれば輪廻からの解脱が得られると言われている。今年一九九五年一月は、その中間に行われるアダ・クンバ・メーラーの真っ最中だ。中間とはいえその規模は一九八九年に行われた本祭と変わらないという。

クンバ・メーラーはハリドワール、ウッジャイン、ナーシックでも行われるが、ここアラハバードが一番大きく、インド最大の祭と言われている。前回は五十億円の国家予算が傾けられ、一万五千人が準備工事などに動員され、一万一千本の臨時列車、八千台のバス、十本の橋、八十三キロの道路、二万五千本の電柱、二百三十キロの電線、二千五百個のトイレ、七十五の給食センター、十の病院、三十一の警察署、二十二の消防署、一万七千リットルの殺虫剤が用意された。すさまじい数の巡礼者の群れ。ピーク時には一時間に六十万人の人々がやってくるという。

「オーマイ・ヴィシュヌ！　こりゃあインドのディズニーランドだ！」

騒々しい土手の上から巨大な会場が目に飛びこんできた。極彩色のネオンに彩られたサーカス・テントのようなものが、大から小まで数千個、ところ狭しと並んでいる。規模は東京ドームの二十倍はあるだろう。

それにしても、こんなにごてごて飾らなくても。しかしインド人は派手派手キッチュなネオンサインに「ジ〜ン！」と立ちつくし、神秘的な顔で「ガ〜ン！」と感動している。このやりすぎの美学こそがヒンドゥー教の真骨頂であり、「ほどほどにね」と中道を唱える仏教を追い出したパワーなんだろうな。

大僧正がマイクとスピーカーで演説している。ときどき声を荒げるとハウリングを起こすが、聴衆たちは「神の声だ！」と言わんばかりに拍手する。そこここでバージャン（宗教音楽）のコンサートが開かれ、カタカリやバラタナティヤムなどの宗教舞踊が無料で見られる。

しかしなんと言っても祭の主役は、サドゥーだ！　俗世を離れ、神に身を捧げる修行者たち。彼らは両親を、妻を、子供を、家を、財産を、すべてを捨てて、諸国を放浪する。

彼らは紀元前十数世紀以前からサンニャーシー（出家者）として、カースト制度最上位のバラモン出身でも、最下層のハリジャン出身でも平等に尊敬された。もちろん特定の寺院や、洞窟などに定住する者もいるし、旅行者にガンジャ（マリファナ）を売りつけるプッシャー（売人）まがいのもいる。基本的にお布施をもらって生活しているが、コジキとほとんど変わらない者も多い。

クイクイ。

なんか髪に引っかかったのかな？　オレはビクッと、ふりむく。

そこには一糸まとわぬ老人が、チンポをブラブラさせて立っていた。白髪のドレッドヘアーに胸まで伸びた真っ白いヒゲ。体中にバスマという灰を塗るのは、暑さ寒さや虫だけじゃなく、世俗の誘惑から身を守るためだ。現代インド社会では性的タブーは日本以上に厳しい。サドゥーたちもなにがしかの布きれを巻きつけていて、全裸の者はほとんどいない。しかしシヴァ神を信仰するナーガ派のサドゥーたちの中には全裸の者たちがいる。一切を身につけずに真冬の山奥でもこのままで修行するという。

「な、なんですか？」

フルチン・サドゥーは茶色い前歯の欠けた笑みを浮かべて、オレのドレッドヘアーを引っぱっている。ドレッドの本場はジャマイカばかりだと思っていたが、実はインドのサドゥーが元祖なのだ。

「来い」

老サドゥーは犬でも呼ぶみたいに手招きして、オレを自分のテントに連れていった。一般のサドゥーたちは五、六人用の小さなテントをあてがわれる。真新しい帆布をめくって入っていくと、そこにはフルチン・サドゥーたちの秘密の花園があった。

「ナマスカール」（こんにちは）

オレは両手を合わせて他のサドゥーたちにあいさつした。サンダルウッドが香炉にくべられ、さびついた三つ叉の槍に小さな太鼓がぶら下がっている。これはシヴァ神の神器だとしても、なんで旧式のウォークマンがあるんだ？　本体の裏側についているスピーカーから、甲高い声で女性歌手が歌っていた。

老サドゥーは虎の毛皮の上に座って、何やらみんなに説明した。みんな興味津々にオレを見ると、ドッと爆笑がおこった。オレのとなりにいた比較的若いサドゥーが、流暢な英語で説明してくれる。

「私はシュリババといいます。あなたを連れてきた長老ムクンダババは私たちの師匠なんです。ムクンダババはおもしろい者を拾ってきたと言うんです。私たちと同じ髪やヒゲをしているのに、西洋の服を着て東洋の顔をしている。こんな珍しい者をひとりで見るのはもったいないんで、ここへ連れてきたたと、言ってます」

オレは珍獣だったのか！　ムクンダババは満面に微笑みを浮かべている。

「あなたはどこのサドゥーだ？　と聞いてます」

「日本から来ましたがサドゥーじゃありません。だいいち、日本にはサドゥーがいないんです」

シュリババが通訳したとたん、異様などよめきが走った。

「じゃ、誰が神様の世話をするんだ？　と聞いてます」

オレは何も考えずに、こう答えた。

「ジャパンには、神様がいないんです」

シュリババは戸惑ったが、思い切って通訳した。一瞬、サドゥーたちが凍りつく！　深い悲しみをたたえた視線がオレにつき刺さり、サドゥーたちがどんどん遠ざかっていく。しかし沈黙の石はオレの上に、ズッシーンとのっかったままだ。

緊張が頂点に高まったとき、ムクンダババのオシリがビッグバンを起こした‼

メタン、炭酸ガス、窒素、水素、アンモニア、硫化水素が中空に飛び散り、インドールとスカトールが鼻腔を直撃する。ちなみに無重力空間ではオナラは拡散せず、熟練した宇宙飛行士でも気絶しそうになるという。

「ムクンダババは神の怒りが爆発したと言ってますっ、ひっひっひ」

沈黙の石はこっぱみじんに吹き飛び、空気がなごむ。オレはこのすきに、ウソとは知りつつ弁解した。

「ジャパンはブッディスト・カントリーだから、神様と言うよりブッダに祈ります」

「助かりましたね。ムクンダババは人が困っているとき、よくあれをやるんです」

なんだか、〝へ〟に救われるってのも情けないが、ヨーガとかの高等テクニックかもしれない。

「ブッダもヴィシュヌ神の化身のひとつです。でもジャパンには神道イズムという宗教があるでしょう?」

「えっ、よく知ってますね。そういえば、神道にも神様がいっぱいいるとこなんか、ヒンドゥー教に似てます」

「私は出家する前、大学で比較宗教学を教えていました」

オレはシュリババの顔をあらためて見た。若い? いや、四十はとうに越しているだろう。黄色みがかかったドレッドヘアーにくぼんだ瞳、胸まで伸びたヒゲにはチラホラ白髪も混ざっている。もちろんフルチンで、全身灰でおおわれている。オレはどうしてもこの人が七三分けにスーツを着こんで教壇に立っている姿を想像できなかった。

「ムクンダババがあなたに謝っています。私たちの国が生んだ放蕩息子が、あなたの国の伝統宗教を滅ぼしてしまったと」

みんな真剣に、同情の眼差しをオレに向ける。いちじは仏教に征服されかかったバラモン教が、ヒンドゥー教の形をとって再生した歴史をふりかえると、他人事ではないんだろう。

「あなたを歓迎したいと言ってます」

ムクンダババは麻袋からとりだした葉っぱを、自ら手のひらでこねはじめた。サドゥーたちが吸うガンジャは、ケララ産の極上物だと聞いている。何よりこの強烈なヴァイブレーションを放つサドゥーたちとキメるなんて、最高の幸運だ。せっかくの贈り物を逃さぬために、オレは蓮華座を組み呼吸を深めていった。

ムクンダババは時折ツバをまぶしながら、親指の腹でこすりつける。ゆっくりと、丹念にもみながら、樹脂をしぼり出す。ビディーを混ぜ、チラムにつめる。チラムはインドで最もポピュラーなマリファナ・パイプだ。十センチほどの素焼きの筒で、真ん中が細くくびれ、吸い口には湿らせた布が巻いてある。人差し指と中指の間にはさみ、まず太陽に向かって捧げ、額につけ、感謝のマントラを唱える。

ムクンダババは点火用の椰子ヒモをあて、親指と親指のすき間から勢いよく吸いこむ。ゆったりと目を閉じ、肺の奥まで煙を満たし、鼻の穴から八の字に吹き出す。もう一度頭上で捧げ持ち次のサドゥーへ手渡す。何か厳粛な儀式のようにあんまり口をきかない。

アメリカでもそうだが、みんなが輪になってジョイント（マリファナ）を回すときにもマナーがある。たとえ自分が吸わなくても、となりから手渡されたジョイントは軽く口をつけて次の人に回すことだ。そこで「ノーサンキュー」なんて受けとらなかったら、メディスン・サークル（聖なる輪）が途切れてしまう。オレはもちろん大喜びで受けとった。

シュリババに握り方を教わり、肺いっぱいに吸いこむ。かぐわしい香りが鼻腔をくすぐり、脊髄を平和な波動が流れていく。サドゥーたちは無言でうなずいたまま、深い瞑想にひたっていた。

蛇使いが現れた。胴が太く、くびれた部分にコインのはりつけてある笛を威嚇しながら、コブラが立ち上がる。大きくエラを広げ、溝から猛毒の出る牙を突き出す。蛇使いは頭を持ってサドゥーたちの首に次々とかけていく。コブラはシヴァ神のネックレスだ。恐怖とともに毛穴が収縮し体毛が立ち上がる。サドゥーたちのヴァイブレーションがオレを守ってくれている。試されているとしたらなおさらだ。震えるひざをおさえつけ、心のコンセントを抜いた。

首筋に冷たいウロコがふれ、ずっしりと肩が沈む。小さな頭が旋回し「噛まれる！」と思った瞬間、二叉《ふたまた》の舌に接吻された！

尾骨に眠っていたクンダリーニの蛇が身体の虚空を昇ってくる。体液が透明な水に、触覚が風に、視界が光に満ちあふれてくる。上昇する蛇はチャクラを花弁のように開いていき、頭蓋骨の頂点にある第七チャクラから放射した。

「蛇神《ナーガ》は不死と生命力を司ります。恐れる者には毒を、敬う者には知恵を与えてくれます」

覚醒された夢精の中で、世界が新鮮な驚きとともに立ち現れてくる。ババチョフの酸素マスクは蛇だった。死の接吻によってババチョフの魂は脱皮したんだ。

急展開したヴィジョンが漆黒の闇を映し出す。果てしない惑星空間に自らのシッポをくわえた巨大な蛇が、うなりを上げて回転している。遠心力で反り返るウロコを重力が必死につなぎ止めている。一枚のウロコがちぎれ飛び出していく。心配しないでもいい。ウロコは新しい星になるんだ。こうして蛇は無数の抜け殻を宇宙に散らばせながら生まれ変わっていく。

オレたちは永遠に輪廻をくりかえす巨大な蛇の、一枚のウロコなのかもしれない。

「よかったら、散歩でもしますか？　おもしろい人たちを紹介しますよ」

シュリババのあやしい微笑みに誘われて、オレは立ち上がった。

「カジュラホで前世を憶えている女の子に会ったんですけど、あれって子供の作り話ですよね？」

「言葉を覚える以前まで、ほとんどの子供は前世を憶えているんです。二歳から三歳でその記憶はうすれはじめ、だいたい五歳すぎると埋もれていきます。新しく憶えなくてはならないことが多すぎて、前世の記憶は邪魔になるからです。新聞などで騒がれるのはごくわずかですが、もっと膨大な数の子供たちが前世を憶えているはずなんです。我々の瞑想や退行催眠を使えば、大人だって思い出せますよ」

「でもあの世に図書館があるなんて言うんですよ。一生砂漠や原生林ですごした人たちは図書館なんて知りませんよ。魂の本といっても、ただの四角い紙屑でしょう？」

「砂漠に住む人たちは灼熱の空に地獄があって、涼しい地下に天国があると信じています。死んでから再生するまでの待合い室、天国とか地獄とかあの世とか呼ばれる画一的な死後の世界は存在しません。それぞれの魂がくぐり抜けてきた無数の体験から、それぞれの死後の世界を作り上げるんです。そこは本当に自由なところで、想念がそのまま形になります。自分がそうありたいと望むイマジネーションが世界を作るんです。科学者は銀河と同量な〝反銀河〟を証明しようとしています。もしあなたの磁場がS極なら、N極を磁場に持つ〝反対のあなた〟がこの宇宙のどこかにいるはずだというのです。非科学的な言い方をすると、魂は夢を見ているんですね。それは現世で私たちが見ている夢と対《つい》になっています。死後の世界の魂たちが見ている夢が、この現世かもしれないんです」

もと大学教授はゆっくりと論理立てて説明してくれるんだけど、ますますこんぐらがっちゃう。

「もしオレたちが毎晩見ている夢が死後の世界だとしたら、悪夢だって見るじゃないですか。そしたらあの世も自由じゃないってことになるでしょう?」

「はっはっは、鋭いところをつきますね。私もまだ死んでないんで確かなことは言えませんが、この世でもあの世でも人は自分で世界を選びとっているんじゃありませんか?」

「じゃあ、死んで地獄に行く人はマゾってわけですか」

「じつはムクンダババにもないしょなんですが、カルマなんてないんじゃないかと思っているんです。前世からの原因—行為—結果から生じるカルマは、現世の秩序を守るための脅しなのかもしれないですよ。さあ、現世で地獄を選んだマゾたちをご紹介しましょう」

オレがフラフラ歩いていると、いきなり誰かがぶつかってくる。

「失礼なやつだなあ、ひと言ぐらいあやまれよ」

「それは無理な注文です。彼らはマウナと呼ばれる沈黙の行をしています。ああして何十年も話してないんです」

なにやら人ごみの頭の上から、一本のやせこけた右腕がつき出ている。爪はクルクルと螺旋を描いて、二十センチはあるだろう。群衆をかき分けて近づくと、「は～い先生！」みたいに手をあげているサドゥーがいた。シュリババは彼と親しそうに口をきいている。

「この男は二十年間右腕を下ろさないという苦行をしているんです。彼とはリシケシュで会いました」

オレは彼のわきの下をくすぐりたい衝動にかられたが、作戦を変えてシュリババに通訳してもらった。

「この東の国のサドゥーがあなたに腕時計をあげたいと言ってます」

シュリババとサドゥーはヒソヒソ話をかわすと、大声で笑い合った。

「気持ちはありがたいが、この右手だけで天を支えているんで、これ以上重い物を持たされたら、空が崩れ落ちてきてしまうそうです。はっはっは」

サドゥーはいたずらっぽくウィンクした。やっぱり相手が一枚上手だ。

「さあ今度は、座らない男をご紹介しましょう」

シュリババはＳＭクラブの女王様のように、ムフフと笑った。明らかにオレを驚かすことに快感を覚えている。これだから変態先進国は恐い。

短いブランコに上半身をのせて遊んでいるじじいに、列ができている。鮮やかな黄色に顔全体を塗り、赤い二等辺三角形が額に大きく描かれ、じじいはニコニコ笑っている。人々はじじいの左足に右手で触れ、それを額にあてる。インドでは相手に最も敬意を表するあいさつだ。

「彼は十二年間座っていないんです。もちろん横たわりもしません。眠るときもあのブランコにもたれて眠ります。ふだんは山の中で木ノ実や草だけを食べて修行しているんです」

アラハバード

オレはうしろからひざカックンをしたい衝動にかられたが、ブランコじじいにひれ伏してあいさつする。埃だらけの足にふれ、その手を自分の額にあてた。

「山の中から歩いてこられたんですか？」

「車じゃよ」

ブランコじじいは、なんでそんなこと聞くんだ？　って顔をしている。

「じゃあ、座ったんですね？」

「はっはっは、残念ながらわしは木じゃから、しゃがめないんじゃよ。村のもんがチャーターしてくれたバスの吊革にこのブランコをつけて来たんじゃ」

ブランコじじいはチャーミングに微笑んだ。

「あんな苦しい修行をしてるのに、なんか幸せそうですねえ」

「いちおう大脳生理学から説明はされてます。肉体の苦痛が高まると脳内阿片と呼ばれるオピオイドが大量放出され、快感を司るA―一〇《テン》神経を抑えていたGABAニューロンがはずれ、ドーパミンの爆発的な放出が行われます。てんかん患者の未来予知、シャーマンの神がかり、OUT OF BODY（OOB＝幽体離脱）、NEAR DEATH（臨死体験）、天才的創作もすべてこの状態から起こります」

「本当にそれだけなんですか？　彼らはそんな安っちい脳内麻薬のために苦行してるんですか？オレは魂の解剖死体を見るために旅をしてきたんですか？」

「ＮＯ！　脳細胞から惑星の運行まで全宇宙を司る原理、その大いなる意志に少しでも近づくためです。ほら、彼がそれを教えてくれるでしょう」

象皮病のように腫れ上がった足の老人が、ゆっくりと歩いてくる。コブラの飾りのついた杖をつき、両側に弟子が連れ添う。何人もの巡礼者がかけよっては、老人の足に触れる。その歩みには圧倒的な威厳がそなわっていて、まわりのざわめきも低くなる。

「あ、あれは、いったい何者なんですか！」

「歩き続ける男です。あの老人は立ち止まらないという苦行を課しているのです。二十四時間歩き続ける、一秒たりとも休まない。もちろん眠るときもです」

「そんなあ！　サメじゃないんだから」

「歩きながら眠るんです。夜は車の付いた台にもたれて弟子たちが押していくんです。でも老人の足は一歩一歩確実に踏み出しているそうです。無数にある苦行の中でも最も苦しいものです」

「し、死ぬまで歩み続けるんですか？」

「老人は天球を運んでいるんです。宇宙は立ち止まったり、休んだりしません。あの老人が倒れるとき、弟子たちがあとをついで歩み続けるでしょう。彼らは〝不自然な苦行〟を自らの肉体に課すことによって、〝自然の摂理〟を教えてくれるのです」

死を隠し、性を隠し、排泄物を隠し、変態を隠し、聖者を隠し、病人を隠し、老人を隠し、子供を隠し、障害者を隠し、精神病者を隠し、犯罪者を隠し、麻薬を隠し、自然を隠し、精霊を隠し、心を隠し、生命の循環を断ち切ってしまったオレたちは、いったいどこへ運ばれて行くのだろう？

ブッダガヤ

魂にも食い物が必要だ。
無限のヴァリエーションに満ちたソウル・フード、魂は〝出会い〟を栄養に生きている。

いよいよ四大聖地の最後、ブッダが悟りを開いたというブッダガヤだ。サルがここのタイ寺で行われるメディテーション・レトリート（瞑想教室）に参加しているかもしれない。乾季のために干上がったネーランジャラー河を左手にバスは急旋回する。豪快なエンジン音と土煙を上げて、オレと巡礼者たちを吐き出した。

バザールにはなつかしい仏教グッズが並び、亡命チベット人が開いたレストランも軒を連ねる。テント張りの室内には木のベンチとテーブルがあって、とっても落ちつけるふいんきだ。

「トゥクパタンモーモー、ナンローナン」（トゥクパとモーモーください）

トゥクパをすすった瞬間、背中に強烈な張り手が炸裂した！　オレは飲みこみかけたものを椀の中に吹きだし、喉をつまらせる。

「ゲホッ、ゲホッ、ヨーコさん！」

「あんた、鼻からうどんが出てるわよ」

「コカコーラ、ナンローナン」

バシッ！　ほほが繊細な打撃にはじかれる！

「今さら遅いのよ、この家出息子！　あんたにあやまろうと思って、何時間も探したのよ」

二週間も待ったコカコーラをすするヨーコさんの目には、うっすらと涙がにじんでいた。

「ひとりになってはじめて、ヨーコさんがどれだけ大切なことを言っていたかわかりましたよ」

「調子いいこと言っちゃって。ちょっとモーモーちょうだい。ブッダもここで腹ごしらえしたのよ。スジャータの乳粥《ちちがゆ》だんご。今で言えば、クリームシチューとご飯を混ぜておにぎりにしたってとこね。それを食べて苦行をやめたの。乳粥だんごは形からして母乳の象徴ね。七日間しか飲めなかった母乳を求めてはじまったブッダの旅はここで終わったの。スジャータの手のぬくもりと乳の味に失った母を見つけたからよ」

ひさびさにヨーコさんの名調子がさえる。ブッダについて話すヨーコさんは一番生き生きしてる。やっぱ、そうこなくっちゃ。

よく整備された公園は緑の木々と花にあふれ、長い歴史の中で奉納されてきた小塔や小祠堂が立ち並ぶ。ひときわ高くそびえ立つのは大菩提寺《マハーボーディ》の大塔だ。

「十九世紀の末までこのあたりはネーランジャラー河の氾濫による土砂に埋もれていたのよ。五十二メートルの大塔は異教徒に破壊されないように、泥や牛の糞が塗りたくられていたというわ。紀元前三世紀にアショーカ王が建てた精舎を起源に、五〜六世紀のグプタ朝に拡張されて、スリランカやビルマの仏教徒が改修を重ねて今の形になったそうよ。でも、遺跡なんてどうでもいいの。あたしはかわいいブッダちゃんにしか興味ないんだから。ちょっと後ろにまわってみましょう。ブッダが悟りを開いたという場所、菩提樹の下に金剛座があるのよ」

菩提樹には青、黄、赤、白、だいだい色の布が巻かれ、涼しい木陰をつくってくれていた。彫刻のほどこされた壁面に黄金のブッダが座っている。金剛座には赤紫の蓮をはじめ、ひな菊や山ゆり、マリーゴールドなどの花が捧げられている。

「うふっ、あの青いパンチパーマ。なかなかキュートでしょ？　こんなかわいい顔しちゃってさ、魔王の軍勢をひとりで打ち負かしちゃったんだから。輪廻から解脱し、死を乗りこえる法なんてものが発見されたら、死を司っている魔王はヤバイわけ。それで男心を惑わすプロフェッショナルの三人娘、タンハー（渇愛）、ラーガ（快楽）、アラティ（嫌悪）を送りこむの。これがぜんぜん歯が立たないんで、魔王は全軍を率いて襲いかかったわ。第一軍は欲望、二軍は嫌悪、三軍は飢渇、四軍は妄執、五軍は怠惰と睡魔、六軍は恐怖、七軍は疑惑、八軍は虚勢と強情、九軍は利欲と名誉欲と驕慢の大攻撃がはじまった。岩や刃や火の雨が降りそそぎ、大地が裂けんばかりの激しい戦闘が……」

ヨーコさんは口泡を吹いて、ハンドバッグを振り回しながら熱演してる。

「ブッダは勝利したわ。なぜなら魔王の軍勢に実体がないことを知っていたから。夜明けの明星が覚者を照らし、菩提樹が全身をゆすって祝福する。現世ではじめて〝悟りを達成したもの＝ブッダ〟が誕生したの！」

ヨーコさんはひとり芝居にうっとり酔っていたけど、急に真顔で振り向いた。

「ところでブッダがいったい何を悟ったかわかる？」

ヨーコさんはいきなり核心にふれてくる。学者さんだって口を濁しているのに、オレにそんな

ブッダガヤ

ブッダが悟りを開いた
ブッダガヤ
ボクの人生は薔薇色に変ったぉ!!
この世の苦しみからのがれる方法はひとつ…
あいつのようにバカに…バカになるんだ!
はっ!
おぉっ
OKマーク

スゴイことわかるわけないじゃん。

「相対性理論よ」

チベットの巡礼僧たちが、ダルというでんでん太鼓にティルブという鈴をふって経を唱えている。菩提樹の向こう側には、サフラン色の衣を着たタイの僧たちが地面に腰を下ろし、のんびりと祈る。うちわ太鼓の日本山妙法寺のお坊さんがひとり、大塔のまわりを回る。

「また、オレがバカだと思って、ムチャクチャ言う」

「たとえばアインシュタインがエノラゲイから原子爆弾を落とすでしょう。彼には爆弾が真っ直ぐ落ちたように見えるのよ。でも相生橋《あいおいばし》で見ていたあんたは、爆弾が放物線を描いて落ちていくように見えるの。すべてのものは見方によって全然ちがうの。絶対はこの世に存在しないのよ。ブッダが二千五百年も前に悟ったことに、やっと現代科学が追いついてきたのよ。ブッダが説いた『縁起の理法』っていうのはね、量子物理学そのものなの。**すべてのものには実体がなく、お互いの関係でしか存在しないってこと**」

ひっきりなしに訪れる巡礼者たちが、シンハリ語で、ビルマ語で、中国語で、日本人は「南妙法蓮華経」や「般若心経」などを唱える。さまざまな祈りがリミックスされて、なんだかジャズのジャムセッションみたいだ。

「たとえばあんたのドレッドヘアーも日に焼けた顔も頑丈な体も気質の原型もDNAっていう四つの粒子の組み合わせパターンでできているじゃない。それからあんたが育った環境によってバカみたいにポジティヴな性格ができあがったわけ。あんたが自己とか自我って信じこんでいるものって、出会いの集合体なのよ。私という人間そのものにも、実体がないのよ。お母さんにとっての私はかわいい娘であり、患者さんにとっての私は信頼できる医者であり、夫にとっての私は貞淑な妻であり、あんたにとっての私はうるさいオバタリアンでしょう？　同じ役者が何役もこなすテレビ番組のようなもんよ。そのテレビだって原色の粒子の組み合わせパターンにしかすぎないんだから」

ん？　これってどこかで聞いたことあるな。上海で会ったピーターだ！　やつは自分でもわからないで、このことを言おうとしてたんだ。

「どこまでが自分で、どこまでが自分じゃないかって考えたことある？　内側に行くと、あんたを構成してる肉体、皮膚、筋肉、骨、細胞、素粒子は自分？　外側は家族、友人、社会、民族、人間、生物、地球、太陽系、銀河系、宇宙は自分？　そのすべてを統合する意志は何？　誰？『神』なんていう手垢にまみれた言葉で、思考停止に陥ったら負けよ。あたしは神を暴いてやる！　あっはっは、正直に言えば、ブッダでさえ、その道具にしかすぎないの。我々を崖から突き飛ばすような力、炎のように突き上げてくる衝動……今さら自己弁護するわけじゃないけど、これだけは言っておかなきゃ。あのＫｉｓｓは、あたしがしたんじゃない。そいつにさせられたんだ！　ってこと」

公園を左に折れ、小さな博物館を右に曲がるとタイ寺が見えてきた。金色に尖った屋根が空へとのびる、特徴的な南方仏教建築だ。寺のうしろにまわると美しい裏庭がひらけている。何人かの西洋人が散歩をしたり、本を読んだり、花をながめていたりする。

「ＡＫＩＲＡー！」

な、なんと、奇跡が起こった！　プラチナグリーンのショートヘアー、クリクリ動くブルーアイズ、えくぼの横には幸運の産毛、まちがいねえぞ。ファ、ファネットだ！

ふたりとも両手を伸ばして全力疾走で走りよっていく。オレはファネットを抱き上げると、メリーゴーラウンドのようにふり回した。

「ホントに会えたのねー、夢みたい！」

ファネットはオレの顔をＫｉｓｓでうずめた。

「バスティーもサルもあんたを待ってたのよ！」

オレが自らの意志でディープＫｉｓｓを返そうとした瞬間、じゃまがはいる。

「誰よ、この毛唐女？」(日本語)

こうしてファネットとヨーコさんが並ぶと、電信柱と雪だるまみたいだ。

「ハロー、ママ、彼はあたいのベストフレンドなの」

ヨーコさんはメガネをつまんでファネットを検分した。

「この矯正ブリッジがとれたら、あんたの嫁にもらってもいいわ」

たくさんの靴が脱ぎ捨てられた教室には、三十人以上の西洋人が瞑想をしている。中でもたったひとりの黒人バスティーと赤毛のサルは目立つ。ファネットはふたりの肩をたたき、親指で窓を指す。オレはガラス窓に豚鼻ではりついた。

「ヒャッヒャッヒャッヒャッヒャ」

なつかしいバスティーの笑い声だ。オレはますます押しつけて、もっと変な顔をする。みんなが笑い声のするバスティーの方を向き、ガラス窓を向いた。教室中に噛み殺したクスクス笑いが起こる。先生がバスティーをたしなめる。

「怒られちゃったじゃないかー！」

バスティーがマスチフみたいに襲いかかってくる！　涙をオレのほほにすりつけ、サルがもみあげでこすってくる。水とタワシで洗われる古い便器のような気持ちだ。

「オレのママを紹介するよ」

バスティーは無邪気に笑いながらヨーコさんに抱きついた。

「そのブッダ・ヘアーも似合いますよ」

サルは横やうしろからヨーコさんの髪型をながめ、真剣に感心している。

「たしかにおかしな連中ね。なんだか、はじめて会ったような気がしないわ」


みんなで夕食をすませてから、大塔に出かけた。菩提樹の横で、三十人ものラマ僧が経を唱えている。それはユニゾン・コーラスになっていて魂を共振に引きこむ。

ブッダガヤの天候は荒れていた。ときおり強い北風が吹くと思うと、パラパラと冷たい雨が落ちてくる。観光客はホテルへと逃げ帰るが、読経はますます荘厳に菩提樹を震わせる。真っ黒い枝を振り乱し、祝祭のダンスは高まっていく。ほほを雨粒が打ちつけ、髪が蛇のようにうねる。オレたちはずぶ濡れになって嵐の中に立ちつくし、闇を照らす無数のろうそくに見入っていた。

『死者の書』のＬＳＤセッションを思い出す。人は誰でも火を宿している。

「あっ、右のうしろんとこのやつ、消えちゃう！」

最後のろうが透明になって、短くなった芯が音もなく倒れる。ジュッと煙を残して火が消え、その煙もまた一陣の風にさらわれていく。

「あのお坊さんがろうそく係よ。言ってみれば、神様みたいな役ね。一本のろうそくが燃え尽きると、また新しいろうそくに火を灯してくれるの。広大な宇宙をさまよい続けるあたしたちの魂と同じく、ろうそくの数は一定なのよ」

ヨーコさんの折りたたみ傘がシャンペングラスみたく裏返った瞬間、信じられないことが起こった。強烈な突風とともに、すべての炎が吹き消されてしまったんだ！

読経がやんだ。いきなりオレたちは無明と無音の奈落へとつき落とされる。

とてつもなく長い沈黙が続いた。

影が動いた？

闇の中から飛び出してきたのはインド人の少女だ。

汚れたシャツのすそに、金剛座のお布施をかき集め……逃げる！

「捕まえろ！」

僧が叫ぶ。サルが走り出して、少女の手首をつかんだ。

前のめりにふり回された少女のシャツから、ジャラジャラとお金がばらまかれる。追ってきた僧より早くヨーコさんがサルに飛びかかる。

少女を奪い取り、解き放つ！

少女は深い深い闇の中へと逃げ帰っていった。

「あの子、妊娠していたわ」

ヨーコさんは自分の手のひらを見つめて震えていた。オレは傘をひろってかけよる。

「あんたに偉そうなことばかり言ってたけど、あたしの手は血塗られているの。優生保護法のもとに、いったい何人の胎児を葬ったかわからない。ジェリーのように血管の透けた胎児をバキュームで吸い取るときの音、ジュルジュルッと子宮壁から卵膜がはがれるときの感触……胎児の脳波を計ると妊娠二週間で意識があるそうよ。それを虫けらのように殺してきたあたしは、不安神経症から幻聴に悩まされたわ。真夜中にうなり続ける古い冷蔵庫のように、胎児たちの複合した声が耳の奥で振動するの」

暗闇の中には、死者たちの無数の目がある。びしょ濡れの髪がほほにはりつき、突き上げる嗚咽をこらえながらヨーコさんはその目に語り続けた。

「ひとりめの子を中絶した人が、結婚をして元気な男の子を出産したわ。三年後その母親から電話がかかってきて、子供がこう言ったそうよ。『ママ、今度はぼくを吸いこまなかったね』って。あたしは恐怖で発狂するかと思った。もし死後にも生があったら、あたしがやってきた悪事が全部記録されていることになるわ。今からでも遅くない、子供たちに償いしようって思ったの」

僧が種火を運んできた。一本目のろうそくに明かりが灯る。

「長年やってきたクリニックを閉めて、仏教法人が経営する、昔で言えば孤児院ね、児童福祉センターで働きはじめたの。その頃からだわ、ブッダに興味を持ちだしたのは。一切が空《くう》で、すべては自分自身が作り出した幻であるって言葉をお坊さんから聞いたとき、幻聴が止まったの」

再び点火されていく炎が、ヨーコさんの顔を少しずつ輝かせる。読経が再開され、お布施が金剛座にもどされ、菩提樹が微笑みをとりもどした。

「生まれ、生まれ、生まれ、生まれて……死に、死に、死に、死んで……喜びも悲しみもとどまり続けることは許されない」

翌日の昼過ぎ、ホテルのドアが激しく鳴った。ドアを開けると、顔面蒼白のサルが立っていた。

「テドム温泉で倒れた細目《ナロー》モデルの言葉を覚えてますか?」

サルは恐る恐る英字新聞をつき出した。

『The Kobe Quake. Magnitude 7.2』

一面に崩れ落ちたハイウェイの写真が載っている。目やにを中指の腹でこすり落とし、やっとこれがどこだかわかった。オレが二ヶ月前エレキ仏壇おやじと走った阪神高速だ! 新聞を持つ手が、勝手に震え出す。生きたままピンで留められた昆虫のようだ。

……ニッキ!!

あの笑顔がこの世から消えるなんてことは、絶対あるもんか! 輪廻転生がどうだろうと、オレが絶対許さない!

オレはサルをつき飛ばすように、フロントへかけていく。のんびりとチャイをすすっているオーナーに飛びかかった。

「電話だ、電話をかしてくれ。ジャパンに電話するんだ!」

「無理ですね。ここからじゃ国際電話はつながりません。郵便局へ行ってください」

オレはホテルを飛び出し、ネーランジャラー河沿いにある小さな郵便局へ走っていった。

「一応やってみますが、国際電話は時間がかかりますよ」

旧式のダイヤルフォーンでガチャガチャやってくれるんだけど、十分待っても、三十分待っても、いっこうにつながらない。

「悪いけれど、だめです。カルカッタの本局に行った方が、早いかもしれないです」

苛立ったオレは局長をののしり、身勝手にもインドを呪った。ホテルに帰って荷物をまとめる。もう頭が混乱して何もわからない。

やっとバスが来た。クソ！　五分も遅れやがって。

オレは真っ先に飛び乗ると、絶望に顔をふせる。エンジン音が車体を震わし、バスは走り出す。

サルが、バスティーが、ファネットが、ヨーコさんが走ってくる。もうバスを止めることはできない。オレはうしろの窓にかけよって、家族たちを見る。口々に何かを叫び、手をふりながらかけてくる。

「ＡＫＩＲＡー！」

……さよならも言えなかったな。

埃だらけの窓にはりついて、オレは最後のジョークを見せる。オレの豚鼻を見て、たぶんみんな笑ってくれるだろう。

バカだな、あいつら。あんなちっちゃな点になるまで手を振っているよ。そういえば上海でピーターが言っていたな。「君の前に現れるおかしな連中も、君をどこかに導くために出演してくれる」って。運命が全部決まっているなんて信じないけど、出会いは用意されているのかもしれない。**人は欠落した何かを埋め合わせるように出会う。**パズルの断片をそれぞれが持ちよって、ひとつのヴィジョンを完成させるためだ。

オレはガラスについた鼻水を袖でぬぐうと、進行方向に目をすえた。

カルカッタ

差別の歴史は生命の起源にまでさかのぼる。
それは多様化を、SEXを、死を、そして進化を拒んだ無性生殖細胞のジェラシーなのかもしれない。

Doon Express BUDDHA GAYA 21:20-HOWRAH CALCUTTA 7:10

さんざん苦労して列車に乗りこんだのは、もう夜だった。二等寝台の上段に横になると、ニッキの顔がちらついて寝つけない。車輪とレールの鋼鉄がこすれ合うブレーキ音に、上段から降りて乗車口に向かう。あわただしく乗客が乗りこんだあと、ひとりの青年が素焼きの茶碗に入ったチャイを持ってすれちがった。

「チャイ、カハーンへ?」(チャイ屋はどこですか?)

青年は自分のチャイをオレに渡し、乗車口からチャイ屋の少年を呼んだ。再びチャイを買い、オレの方へ向きなおる。黒い肌に鋭い眼光、濃いあごヒゲ、真っ直ぐに通った鼻筋、実に精悍な顔立ちだ。

「キトナパイサへ?」(いくらですか?)

「ナッヒン、チャヒェ」(いらないよ)

青年は唇のはしをかすかに上げて笑うと、礼を言うすきも与えず反対の車両へ歩き去った。オレはそのまま乗車口に腰を下ろし、一服のチャイで胃袋を温めた。素焼きのカップを窓から放り投げ、はしごを上がる。風景の見えない最上段で、スゥーッと眠りに吸いこまれていった。

どのくらい眠ったのだろう？　不気味な騒音に目が覚める。

狭い通路にひとりの男がうずくまっている。襟首をつかみあげられ、顔面に頭突きが入る。

……オレは悪夢を見ているのか？

よろめいた男は羽交い締めにされ、腹にひざげりが食いこむ。一瞬縮こまった男のあごが、ゆっくりとけり上げられる。

……まさか？

男はたったひとりで乗客全員を敵にまわしていた。うしろ向きに倒れた男は、汚れた床に後頭部を打ちつけ、頭がサッカーボールのようにけりまわされる。

……あいつだ！　オレにチャイをおごってくれた青年だ！

青年はうすれゆく意識の縁でオレをとらえた。その瞳はわずかな希望にきらめく。亡霊は寝台に手をかけ、ゆっくりと立ち上がる。小刻みに震える手がオレのいる上段に伸びてきた。

「助けて」

半開きになった目は紛れもなく、そう言っている。

最後の望みをたくした手が、オレの手首をギュッとつかんだ！

一瞬、オレの体に二千ボルトの交流電気が走る。赤や緑の斑点が目の前を飛び交い、ピーナッツバターのような味が口中に広がった。

もし彼をここで助けたら、オレまでリンチを受けるかもしれない。ニューヨークやニューオリンズで自分が受けた集団暴行を思い出し、恐怖にすくむ。

オレは卑怯にも、青年の手をふり払っちまったんだ！

中段のやつが青年の手を奪い取り、顔面にかかとげりを入れる。黒い顔から鼻血が紅いヒモのように流れる。

カタカタカタ。

青年はリノリウムの床に乾いた音を立てて、崩れた！

「ど、どうしてなんだ？」

オレの向かいにいる上段の男に聞いた。やつはこの風景を見ながら、ニヤニヤと弁当を食っている。

「アンタッチャブル！」

UN否定形＋TOUCHさわる＋ABLE～できる。……さわることのできない人。

オレはその英語を「さわるな！」とか「おまえには関係ない！」と理解して、身を引いた。

制御不能な敵意が人々に憑依《ひょうい》する。

驚いたことに、うしろから来た車掌も青年をけっている。窓際にいた老婆までが背中にツバをかける。人々は立ち上がり、つめかけ、けりまわす。機関銃をさげた兵士がやってきて、みんなをしずめた。うつぶせに倒れている青年を黒いブーツでひっくり返し、ポケットのＩＤ（身分証明書）を調べる。そのまんま面倒くさそうに抱き起こして運び去った。

オレの手首にはまだ、青年がつかんだ指の感触が生々しく残っていた。

宗教は人を救うためにできたんじゃなかったのか？

シヴァもヴィシュヌも、これだけには目をつぶるってのか？

ヒンドゥー教三千年の歴史に支えられたカースト制度。紀元前十五世紀頃からインドに侵入してきたアーリア人（ヨーロッパ人と同じ白人種系）は色の黒い先住民を支配し、この身分制度を作り上げていく。インド映画のヒロインが全員真っ白なように、ヴァルナと呼ばれる肌の色の差別と、無数ともいわれる職業の世襲制度ジャーティーから成り立っている。

バラモン（司祭）、クシャトリア（王族、武士）、ヴァイシャ（平民）、シュードラ（奴隷）、そしてカーストにさえ入れてもらえない最下層の民……アンタッチャブル（ヒンディー語ではアチュートと言う）。まさに、触ってはいけない人だ。

インド人も恥部を隠すようにその問題には触れたがらない。触れるどころか、見たり、話をしたりしただけでも汚れるという。いっしょに食事をすることはもちろん、同じ井戸から水を汲むこともできない。医者はアンタッチャブルを診断しなければならないとき、布の上から脈を取ったり、ゴム手袋をはめて熱を診たりする。インド人の四人にひとりは、アンタッチャブルだ。一九五〇年の新憲法で廃止されているにもかかわらず、実質的には何も変わっていないという。

二百万人にもおよぶアンタッチャブルたちを、一気に呑みこんでしまう街がここにある……インド最大の都市、カルカッタだ。

カルカッタはいつでも混沌と騒乱と得体のしれないパワーに満ちている。旅行者のジョークで、「インドへ行くならカルカッタから入るな、一日目で帰りのチケット買ってしまうから」と言われていた悪名高き大都会。

ハウラー駅にはたくさんの旅行客、ビジネスマン、外国人、ポーター、物売り、警察、コジキ、スリ、不良少年少女、死体まで平然と転がり、阿鼻叫喚のノイズ・ミュージックと地獄のポップ・アートを描き出す。このあからさまな現世利益の追求は、かえっていさぎよいほど隠しだてがない。

混沌は創作の子宮だ。

現代インド文化の先端がこの街から発信される。音楽、美術、映画、文学、コンピューター・カルチャーと、ほうっておいても何かが生まれるコンドームレスタウン、それがカルカッタだ。

旅行者がたまるサダル・ストリートに向かう。安宿に荷物をおくと、パークレーンにある電話局に飛びこんだ。いくらやっても通じやしない。駅で買った新聞の写真から想像すると、電話線なんかブチ切れているに決まっている。


プレトリア・ロードにある日本総領事館に向かった。植民地時代風の建物を入ると、ファックスの感熱紙がはり出してある。

『一九九五年一月十七日午前五時四十六分。阪神地区に、淡路島北端を震源地としたマグニチュード七・二の地震が発生。死者、行方不明者約五千人。避難者数約二万人。神戸市役所など三宮中心街のビル多数倒損壊。西市民病院損壊、入院患者多数生き埋め。長田で三千戸が大火。JR六甲道駅は高架ごと全壊。被災者は学校や体育館や公園などに避難中。電話、郵便などの連絡不能』

震源地が淡路島北端といやあ、ニッキのいる西明石の目と鼻の先じゃねえか！　あんなに離れている住吉のハイウェイが倒壊したんだから、明石は全滅かも。……チクショー！　もうこうなったら、自分で行って確かめるしかないな。

サダル・ストリートにある旅行会社で安チケット探すが、日本への直行便は七百六十ドルと高くて買えない。タイ経由だと一週間以上足止めを食う。オレは暴走する不安を押し止めるように、バンコック行きのチケットを百四十六ドルで買った。


「よう！」

ふりむいたオレの顔から血の気が引いた。唇のはしをかすかに上げてクールに笑ったのは、あの青年だった！　鋭い目を青黒い隈で縁取り、唇にはかさぶたがはりついている。オレは手首に残った指の感触を思い出して、ゾッとした。

「だ、だいじょうぶだったのか？」

「なあに、このくらい。よくあることさ」

「ごめんよ……君を助けらんなくて」

「ああ、あんたあの場面を見たんだ？　誰だってあのクレイジーたちを止められやしないよ」

オレは青年の目の中に敵意がないのを見て安心した。

「そうだ、チャイをおごらせてくれ。ほら、最初に君がおごってくれたじゃないか」

「ごちそうになるよ。おれは、ラジっていうんだ」

青年はオレの手首じゃなくて、手のひらを固く握った。

サダル・ストリートのカフェに入った。クアーズのネオンが昼間から輝き、ニール・ヤングの「SOUTHERN MAN」が鳴り響いている。ラジは指先でテーブルを叩きながら、体でリズムをとっている。オレは五ルピーもするカプチーノに驚いたが、二つオーダーした。

「気を使ってくれてありがとう。カルカッタでも場所によっちゃ、おれたちの入れないところは多いんだ」

「どうして、あんなことになっちまったんだい？」

ラジは黙って革ジャンを脱ぎ、シャツの袖をまくった。光沢のある黒い肌に彫られた、美しい十字の入れ墨があった。

「これはアンタッチャブルのマークなんだ。牛に押す焼き印みたいなものさ。タミール地方ではつい数十年前まで強制的に彫らされていたものなんだよ。この十字が見つかると、女たちは強姦され、男たちはリンチを受けてきた。おれは外国人のタトゥー・アーティストに頼んで、自分からわざと彫り上げてもらったんだ」

ウェイターがカプチーノを運んできたんで、ラジはあわてて隠した。反抗心を見せびらかすようなバカじゃないな。どちらかというと、情熱を内にためるタイプだ。

「そ、そんなヤバイ入れ墨を見せちゃったわけ？」

「同じコンパートメントにいたやつらがおれを挑発しようとして、ひどい話を聞かせてきたんだ。アンタッチャブルの娘を裸にしてバニヤンの木に縛りつけ、陰毛にライターで火をつけたら、青く燃え上がったんだって。性器に蜜ロウを塗って、アリたちをはいずり回らせたそうだ。もちろんその後、輪姦したのは言うまでもない」

ララハ
昔は傷あとに
墨をすりこまれるだけ
ラジャの誇り高き
TATOO

「そんな、たちの悪いインド人もいるんだ」

ラジは唇のはしをかすかに上げて、オレをあざ笑った。

「あんたはインドの外っ面しか見てないな。ツーリストに向けられる笑顔の反面、内っ面の残酷さは全部アンタッチャブルに向けられるんだ」

オレは少しばっかり自尊心を傷つけられ、いじわるに聞いた。

「君の方から殴りかかったんじゃないのかい？」

「ああ、そうだよ。おれは寝台の上段で眠ったふりをして、じっと耐えていた。目を閉じていると様々な苦い思い出がよみがえってくる。中でも一番つらいのは……いや、やめよう」

ラジのやせた肩が小刻みに震えた。ジョン・レノンの「MOTHER」がせつなく響きわたる。

「……こんな国なんて、コーベのようにブッ潰れちまえばいいんだ！」

ラジは運命のように固い拳でテーブルを叩いた！

わずかに跳ね上がったカップがソーサーの縁につまずき、ヨロヨロと絶壁を落下する。

カタカタカタ。

カップはコンクリートの床に乾いた音を立てて、崩れた！

「神戸にはオレのガールフレンドを残してきたんだ」

ラジはハッと顔を上げると、おびえるようにつぶやいた。

「ごめんよ……」

少年のウェイターが真っ直ぐな目で、ラジにタオルを差しだした。ラジの白いシャツは、カプチーノに染まっている。美しい土の色だ。

「……おれの父はパーリヤと呼ばれる農奴だった。土地を持たないパーリヤは、その収穫のほとんどを地主に持っていかれるんだ。正義感の強かった父は地主に対する抗議文をたずさえて、となり町の役所へと向かった。当時十二、三歳のおれは父に付き添い、病気の母と三歳の妹を家に残していったのがまちがいだった。その帰り道、隣人たちが泣きながら走って来た。父がおれの腕をとって走り出す。おれたちは家の前で立ちつくした。弱々しい煙を残して、おれたちの家は燃え尽きていたんだ！　黒こげの塊が重なり合って転がっていた……母の鼻はしわくちゃになってしぼみ、眼球は小さな水たまりになっていた。幼い妹の爪は、母の皮膚に食いこんでいたんだ。もちろん犯人はわかっている。でも決して捕まらないし、新聞も取り上げない。なぜならこれが、アンタッチャブルの日常だからだ！」

長い長い沈黙の後、ラジはタオルで袖口をぬぐいはじめた。土色が象牙色に変わる。

「おれは、ミュージシャンになりたいんだ。バンド名もそのまま THE UNTOUCHABLES、もちろんメンバー全員が不可触民だ。コーベのニュースを聞いて書いたおれの詩を読んでくれるかい？」

ラジの手が再びオレに伸びてくる。オレはボロボロになったノートブックを、今度はしっかりと受けとった。

風の真ん中に立って　崩れ落ちた街をながめてる
ひび割れたハイウェイ　燃え上がるポリスカー
黒こげの母　血まみれの子供たち
だけど　Woo　見ている　少年のまなざし

目を閉じないで　名もなき兵士よ
横たわるビルディング　がれきの中から
一本の腕が空をまさぐる
HAPPY END OF THE WORLD

風の真ん中を走り　愛しい人を探し続けてる
微笑みながら死んでいった少女の
胸に大事そうに抱えられた人形
だけど　Woo　聞こえる　少女のささやき
耳をふさがないで　傷ついた兵士よ
鉄条網に縛られた世界を　流れゆく雲が空で笑ってる
HAPPY END OF THE WORLD

風の真ん中で目覚め　明るい絶望が胸をしめつける
死体であふれた川の水面に　生まれたての朝日がきらめく

オレはとぎれがちな青いボールペンで書かれた詩の上を撫でた。

「ラジ、少なくとも君の魂は……タッチャブルだ」

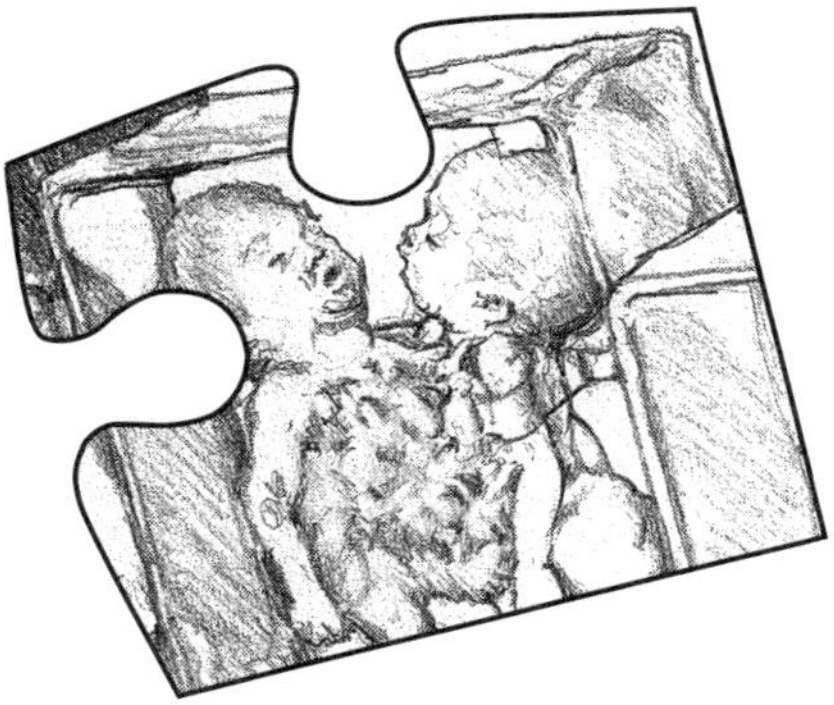

タ　イ
THAILAND

バンコック

「クルンテープ」あらゆる悪徳と聖性が蚊取り線香のように渦を巻き、今日もたくさんの天使たちが堕ちてくる。

……この街は、「天使の都」と呼ばれてきた。

そして現在も強烈な皮肉をこめて、そう呼ばれ続ける。

なぜならここにはアジアの快楽と痛みが、どこよりもあからさまに濃縮されているからだ。


ドン・ムアン国際空港を出ると、熱帯の空気がムッとまとわりつく。バスで市内に近づくにつれ、その空気の密度が増してくる。ココナッツミルクやガーリックやライムや下水の臭いが排気ガスとブレンドされ、バンコックの体臭となる。

街中をのたくる蛇は運河だ。バンコックの血管だった運河は、工業廃水や生活汚水で甘酸っぱい匂いを立てている。昔は囚人がかり出されてヘドロすくいをやっていたが、今では地獄の渋滞を緩和するために船で通勤するビジネスマンも多い。高層ビルがニョキニョキ生えて、若い連中は最新のファッションに身をかためている。かと思うと、なつかしいオンボロ長屋の前にはルンギーという腰布を巻いたおばちゃんが屋台を出していたりする。百年もひらきがある風景が、きしみを上げて共存するサイバー・シティー、バンコック。そのスリリングな変化のダイナミズムとスピードは、東京を凌駕して世界一の未来都市だ。

とりあえずカオサン・ロードに直行する。ここの活気はあいかわらずで、我が物顔で闊歩する外国人旅行者、居並ぶおみやげ屋、ミュージック・カセット屋、Tシャツ屋、タトゥー・ハウス、アクセサリー屋、外国語専門の古本屋、旅行代理店、コンピューターが並ぶサイバー・カフェ、屋台のジュース屋やラーメン屋、細い路地には無数のゲストハウスがひしめいている。

活気と言っても秋葉原や竹下通りなどを想像してもらっては困る。宝くじ屋のおばちゃんがうちわをパタパタやりながらのんびりと店番し、イヤリング売りのあんちゃんが商売そっちのけで白人娘をナンパしていたりする。なんといってもここは「マイ・ペン・ライ」(気楽にいこうよ)の国だ。バンコックに何ヶ月もはまってしまう旅行者は多いし、タイ人と結婚したり、家を買ったりする日本人もけっこういる。あのゆったりとした微笑みは、ゴールデン・トライアングルのヘロインよりも中毒になるのかもしれない。

オレは急いで旅行代理店に飛びこんだ。三軒ほどあたってみたが、どこもほとんど同じ値段だ。片道チケットが百八十四ドル、一年オープンの往復が三百三十六ドル。少しでも早く神戸に行きたかったので、できたての関西国際空港にした。出発は一週間後になってしまう。

新聞を見ると、神戸の犠牲者は日増しに増えていく。

売店でタイムとニューズ・ウィークを買った。タイムの表紙では、パジャマの上にスタジャンをはおった女の子が、おそらく自分の家があったところだろう……がれきの上にしゃがみこんで泣いている。枕をかきむしるように、押しつぶされた死者、体育館にびっしりと並べられた布団の群れ、とくに長田の写真は原爆投下後のヒロシマそっくりだ。ニューズ・ウィークの表紙は、白いブラインドが垂れ下がる三菱銀行の前で、子供を自転車に乗せた若い母親が遠くを見ている。キッと結んだ唇が、生きる決意を物語っている。

一階にカフェのある古いゲストハウスに宿をとった。サーモンピンクのはげた手すりをつたい、コンクリートむき出しの階段を上がる。かしいだドアにでっかい鍵をつっこんだ。履き古した靴下のような臭いが鼻をつく。明らかに大きな部屋をベニヤ板で二つか三つに仕切った、窓もない牢屋だ。まあ、百バーツ（五百円）だからしょうがねえか。

夜景でも見ようとホテルの屋上に出る。生温い夜風がほほを撫で、洗濯物のシーツをはためかせている。物干しの陰にメコン・ウィスキーをかこんで、ふたりの男が座りこんでいた。

「カモ〜ン、ジョイナス」（いっしょにやろうぜ）

なんだ、このホテルのオーナー、スラポンさんじゃんか。若そうに見えるが、五十歳は越えているだろう。こま犬のような鼻とニッと笑ったときの黄色い歯が、とてもフレンドリーだ。しかも欠けた前歯にすっぽりとタバコがはさまっている。まるでそのために歯医者へ行って抜いてきたようだ。もうひとりのいかつい男がプラスチックカップにメコンをついでくれる。

「エーッというんだ。日本人は笑うけど、タイではポピュラーな名前さ。一階でコックをやっている。よろしく」

おかっぱ頭がタイのチンピラ風だ。年は四十くらいだろうか？　見すかすような目と口元が、修羅場をくぐってきた者に見える。

「君は日本人じゃったな？　飛んで火に入る夏の虫じゃ。いやいや、我々は今『地球経済サミッ

エーッさん
ホント、ウマそうな顔して吸うなあ
スラポーンさん
アマゾンの原住民風ヘアカット

ト』を開いているところなんじゃ」

　スラポンさんは鼻の穴をふくらませて、熱弁をふるう。

「バンコックのホスピタリティーは退廃の一途をたどっておる。政治は腐敗し、治安は乱れ、人の心はすさみゆく。誰のせいじゃかわかるまい？　それもこれもみんな……君のせいじゃ！」

　突然、スラポンさんは毛細血管の浮き立った目をむいて、オレを指さした！　あまりの驚きにメコンがつまる。咳こむ背中をスラポンさんがさすってくれた。

「すまん、すまん。これはお化け話をしているときの伝統的なおどかし方なんじゃ。タイでは、お化けや精霊をピーと言う。中でも一番恐いのは、体からチョン切れた首が生き血を求めて飛び回るピー・ファカートじゃ。日本で暮らすひとりひとりは血の通った人間じゃろう。だがのう、企業とか国家とか集団になった日本人は、アジアの生き血を吸いつくすピーじゃ。こう見えてもわしはタマサート大学の経済学部をトップクラスで卒業したバリバリのエリートじゃった。日系商社に無試験で入社したのはいいが、そこで経済のからくりをいやと言うほど見せつけられてしまった。現地雇用者の組合を組織してクビになり、反日運動に加わったんじゃ。ホンダもトヨタもニッサンも何台燃やしたかわからんくらいじゃっはっは」

　スラポンさんは黄色い歯をむき出して自嘲したが、オレに対する敵意はみじんも感じられなかった。

「君は知らんで天ぷらとか食っているんじゃろうけど、クルマエビを日本の食卓に送るために、タイ全土のマングローブ林は半分になってしまった。日本人のケツを拭くために、いや、パルプを輸出するために悪魔の木ユーカリが植えられ、少数民族や農民は土地を奪われる。豚の飼料として輸出するため、キャッサバ芋を植えさせられ、土地は枯れる。タイのマングローブを刈りつくすと、ボルネオ島のサラワクや西パプアのアスマットやタスマニアの原生林まで奪いつくす。いいか、一億年以上も生命を育んできた森を、たった五年かそこらでブチ壊してしまったんじゃぞ。東から来たピー・ファカートがアジアの緑をむしり取り、人の心まで枯らしてしまったんじゃ！」

オレは日本人であることが恥ずかしかった。そして日本円の経済力で旅しながらも日本を恥じている自分が、もっと恥ずかしかった。

「もちろん君の国だけじゃない。今や世界中が、近代市場主義が生んだカネという魔神に征服されてしまった。環境破壊、民族間の争い、拡大される貧富の差、大いなる循環と共に生きてきた先住民たちの知恵の否定、加速する物質文明、魂はじっこに追いやられ、その場限りのエゴだけが拡大していく。G7などと、アメリカや西欧におだてられた日本はますます飼い犬になっていく。戦争自体を悔いるのはいいだろう。はじめあの戦争は、白人に対して立ち上がったアジア人の宣戦布告だった。それがいつのまにか、黄色い肌をした偽白人の植民地戦争にすり替わっていった。そして理不尽な原爆をくぐり、君たちは信じられないパワーで復活した。そのパワーを経済戦争から反転させて、未来への力として役立てることができるはずじゃ。企業は有毒廃棄物溶解のための根元的なテクノロジーを開発する。マスコミはあらゆるアイドル、コメディアン、スポーツマンを動員して『競争から共生へ』のキャンペーンをはる。貿易黒字を少しでもそれらのプログラムにまわしていき、世界への波及を押し進める。いいか、経済の原理は交換じゃ。お互いが相手の欲しい物を交換する。経済を人間対人間で考えている時代は終わった。本来経済は人間対地球の物々交換なんじゃ。あいかわらず無知な政治家どもは景気回復などと騒いでおる。景気回復＝地球のさらなる略奪だという単純な真理もわからんようじゃ。ＧＮＰや国民所得の価値基準を反転させ、世界中の国々が協力して、経済成長をゼロに戻さなくてはいけない。貨幣経済を捨て、地球との循環経済というシステムを作らなければいかん。たしかにこんな考えは理想主義者の夢物語じゃったろう。だが、滅亡か進化かの崖っぷちに追いこまれた今、それ以外に地球と人間が生き残る道はないのじゃ！　ところが人間は自分が欲しい物だけを略奪して、地球が欲しがらないゴミばかりを返す。これじゃあ地球が怒るのも無理ないじゃろ？　地球の免疫機構は、このガン細胞を抹殺するために人間同士が殺し合う波動を送り出しておる。そこらへんは、ここにいるもとマフィアに聞いた方がいいじゃろう」

今まで黙っていたエーッさんが、口を開いた。ビニール袋をカサコソやるような、聞きとりづらい英語だ。

「クルンテープ（天使の都）の犯罪はすごいぜ。ライフル、カービン、散弾銃、Ｍ16自動小銃から対戦車用ロケット弾まで使われる。この間も、夫の浮気現場に妻が手榴弾を投げこんで、吹っ飛ばしちまった。タイの伝統では頭に仏様が宿ると言われ、子供の頭も撫でちゃいけねえんだ。それが今じゃ、大なたでお坊さんの頭もブチ割っちまうんだぜ。ウソだと思うのなら、シーウィーと言う殺人者の名がついた法医学博物館に行きな。あそこへ行けば、あんたがいかに残酷な動物の一員か実感するだろうさ」

エーッさんは前歯の間から息を抜いて、「シーウイ」と発音した。

「まあ、シーウィーなんてまだカワイイもんだ。おれがやっていた悪魔に魂を売る仕事にくらべればね。おれは幼児売買がいやになって、マフィアから足を洗ったんだ。日本人商社マンが娼婦に産ませた子供は二万バーツ（十万円）、白人との合いの子は三万バーツ（十五万円）、貧しい少数民族の子供は四千バーツ（二万円）くらいで買い取られるんだ。それをやつらは子供のいないマレーシアの華僑や西洋人に三十倍以上で売りつける。運が良ければまっとうなアダプト（養子縁組み）もあるけど、女の子は娼婦、男の子はゲイの慰み物かゴム園や工場の労働用だ。それでもまだこいつらは幸せな方だ」

エーッさんは善悪の彼岸から、オレを射すくめた。

「日本人に体を抜き取られるよりは、だよ。たとえその子が一生かかって働いても、手に入らないような金だからな。ピー・フアカートに体を売れば、両親が飢えないですむ、兄弟が学校に行ける、スラムから抜け出せる。相場は角膜が五百万バーツ（二千五百万円）、肺の一部は二百万バーツ（一千万円）、腎臓は六百万バーツ（三千万円）、生きた心臓は二千万バーツ（一億円）で売られてんだぜ」

「生きた心臓って……生きたまんま？」

エーッさんはツブツブに浮き出た汗を、汚れた袖でぬぐった。

「北部の山ん中じゃ、臓器を抜き取られた子供の死体が、埋められもせずにころがっているよ」

目の前がクラクラした。この砂金のように輝く夜景のもと、愛撫と殺戮がくりかえされている。

「大地から木をむしり取り、子供たちから臓器を抜き取り、ピー・フアカートはどこまで走って行くんだろうな」

エーッさんはグラスに残ったメコンをいっきにあおると、空を見上げた。まるでスモッグに巻かれて堕ちてくる天使を探すみたいに。

「やつらは、いったい何が欲しいんですか？」

エーッさんは強い印象を与えるように一語一語を区切って発音した。

「エターナル・ラ・イ・フ（永遠の命）。はっはっは、まるでシーウィーだな。ピー・ファカートが他者の命を犠牲にしてまで手に入れようとしているのは、不老不死っていう幻想だ。それほどやつらは自分の死を極端に恐れているんだ」

「子供でも動物でも、死そのものに生来的な恐怖を示す生物などおらん。わしらアジア人は近代文明のエサに釣られて、欧米の特産品〝死の恐怖〟まで買ってしまったんじゃ。〝死の恐怖〟が発明されたのは十四世紀のヨーロッパじゃ。ペスト、飢饉、戦争、異端審問、全人口の四分の一が死ぬという前代未聞の災害が降りかかった。それ以来人々は、絶え間ない生との連続体である死を切り離し、隠し、悪役に仕立て上げた。死の生みの親である自然を支配するために科学を発達させ、物質文明を作り上げたんじゃ。近代市場経済は〝死の恐怖〟によって支えられておる。〝死の恐怖〟は銭を生むんじゃ。戦争にしろ環境破壊にしろ脳死問題にしろ、現代が抱える諸悪の根元はすべてここにある。死に対する誤解を解かんことには、ピー・ファカートの暴走は止められまい」

オレはすがるような視線を、今度はスラポンさんに向けた。

「もう世界が滅びるまで、止めることはできないんですか？」

「あんたにできることは、ひとつしかない」

スラポンさんは深く息を吸いこむと、オレの目を見据えた。

「**生と死はつながっている。**そのことを伝えるんじゃ。たらいの水をかきよせようとすると、縁をすべって逃げていく。逆に押してあげると、遠くをまわって返ってくる」

オレの汗ばんだ手の甲に、一匹の蚊がとまっている。反射的に手をふり上げたが、止めた。

「いったい、どうすれば、伝えられるんですか？　そしてわかってもらえるんですか？　今回の旅で出会った人たちが、死についていろんなことを教えてくれました。それは膨大な量と奥行きを持っていて、オレのつたない言葉では伝達不可能なんです。逆にその責任感ばかりが重くのしかかってきて、オレを縛りつけるんです。死についてなんか考えなくても、誰でもいつか死にます。それを伝えて、いったい何になるんですか！」

「はっはっは、あんたの熱い視線にほだされて、つい偉そうな説教をたれてしまった。わしらは敗北者じゃ。こんなアジアの片隅で異国から来たあんたに愚痴をこぼしておる。他人に夢をたくした瞬間から、人は敗北者になる。わしらの声は消えて行くべき運命を持ったピーの独り言じゃよ」

飛び立った蚊が残していった強烈なかゆみを、オレは必死に耐えなくちゃならなかった。

チャオプラヤ河の向こう岸、ノーイ駅のとなりにシリラート病院がある。そこの外科にあるFORENSIC MUSEUM（法医学博物館）がシーウィーの正式名だ。

カオサンからチャクラポン通りを下っていくと、王宮広場に出る。オリーブグリーンの芝生が広がるのどかな公園だ。ベンチで地底怪獣のようなイビキを上げるおっちゃんや、ハトを頭の上にまでたからせてパンをまくおばちゃん。タマサート大学やシラパコーン美術大学があるんで、学生たちが輪になって笑い転げていたり、芝生に寝そべって読書していたりする。

プラチャンの船着き場から渡し船に乗りこむ。チャオプラヤ河を渡る風がほほを撫で、南国の太陽からしたたり落ちた果汁が川面を黄金に染めている。タイで最も残酷な男に会いに行くにはピッタリの日よりだ。

シーウィーは一九五一～五四年の間に五人の幼児を殺した。彼はひとつの強迫観念に取り憑かれていた。自分がものすごいスピードでやせ衰え、年老いていく、それを止めるにはひとつだけ方法がある。それは幼児の内臓を食べることだ。処女の生き血風呂に入って若返りを図ったエリザベス・バートリとも共通する不老不死願望だ。

オレたちは、これを狂気と笑うことはできない。

日本で売られているヘアトニック、スキンクリーム、スキンローション、口紅の中にも、保湿性の高いS[1]コラーゲンが含まれている。死産証明書の書かれない四ヶ月未満の中絶胎児の闇死体から作られているものだ。プラセンタエキス配合とあるものは、胎盤の搾り汁から作られているものだ。これらはメラニン色素を抑え、シミ、ソバカス、ニキビなどに効果があるとされ、セクシーでファッショナブルなコマーシャルによって販売される。

チベットの鳥葬じゃないけど、自分の肉体を供養として生者に捧げるのは悪くない。だからもっと自信を持って、コマーシャルすればいいんだ。

スーパーモデルたちが皮膚の切れ端のついた丸鋸、殺菌フラッシャーのハンドルグリップ、血のりに光るメスを持って、ステンレス製の解剖台の前でポーズをとる。

「オール・ウィ・ウォント……」(わたしたちが欲しいのは……)

ひとりが腰をふりながら歩み出て、血だまりのバケツから切り刻まれた肉片や胎盤をひしゃくですくい上げる。それをテレビカメラの前に差しだし、キャッチコピーを決める。

「フォーエヴァー・ヤング!」(永遠の若さ!)


法医学研究棟の一〇一号室には、ねじくれた手足の骸骨、銃痕の残る頭蓋骨、損傷を受けた脳、真っ二つに割られた頭部、切断された腕や足、血だらけの服や下着、凶器に使われた包丁、斧、鋸などが展示してある。

標本にされた殺人者たちの中に、シーウィー(SeeUey SaeUng)もいた。ブロンズ像のように黒光りする肌、貧弱にやせこけた体、げっそりとそげ落ちたほほ、切れ上がった目、眼窩につめこまれたロウは慈愛の涙に流れ出しそうだ。凶悪犯人像を期待していたオレは、少したじろぐ。その表情の中に孤独の輝きが見つからなかったからだ。死人の顔なんて、みんな同じだといわれるかもしれない。でも犯罪者や死刑囚は、みんなある種の輝きを持っている。それは一般に言う輝きとは正反対の、負の輝きだ。

孤独は人を輝かせる。

でも彼の顔には、孤独はおろか、悲しみの表情すらない。この顔は愛されている人の表情だ。それもたくさんの人に、もしくは自分を取りまく世界そのものに。

オレはここに来てはじめて、あらゆる宗教がいう地獄を疑った。

彼らの表情を見ていると、こんな確信がなんの根拠もなく浮かんでくる。

――地獄など存在しない――

それは自らが創り出す幻想だ。『死者の書』は完全に生者のための書であって、死者はいっさいの導きを必要としない。チベット仏教はそれを知っていて、あえて生者がよりよく生きるために十八もの地獄を設定したんじゃないか？

どんな凶悪犯人だろうと、どんな徳の高い僧だろうと、死んだらまっさらに洗濯される。本当にまっさらに！

死は完璧に、完璧に、完璧に平等で、魂は差別のない幸福の中で再生を待つんだ。

南国のスコールが突然街に襲いかかる。天使の涙と呼ばれるには激しすぎる号泣《ごうきゅう》だ。オレは外科棟に飛びこみ、薄暗い階段をのぼっていった。コンドン解剖学博物館は小学校の理科室を思わせた。有名なシャム双生児たちが、四角いガラスケースの中に並んでいる。抱き合うように腹の皮をくっつけ、顔をくっつけ、肥大した片目をガラスに押しつけ、腹を切り裂かれ、ゆがんだ肢体（死体）をさらし続ける。

……愛。

唐突にそんな言葉が浮かんできた。オレの一番嫌いな言葉だ！　街中にあふれるラヴソングは、無理矢理ケーキを食わされるような拷問だ。そのラヴソングから一番遠いところにいる奇形児たち。両親からも、運命からも見放され、孤独な子供たちは必死に抱き合った。

……愛し合いすぎて、体まで溶け合った恋人たち。

オレの中で禁止されていた〝愛〟という言葉が、黄色いホルマリンに浮かんでいた。

バンコック

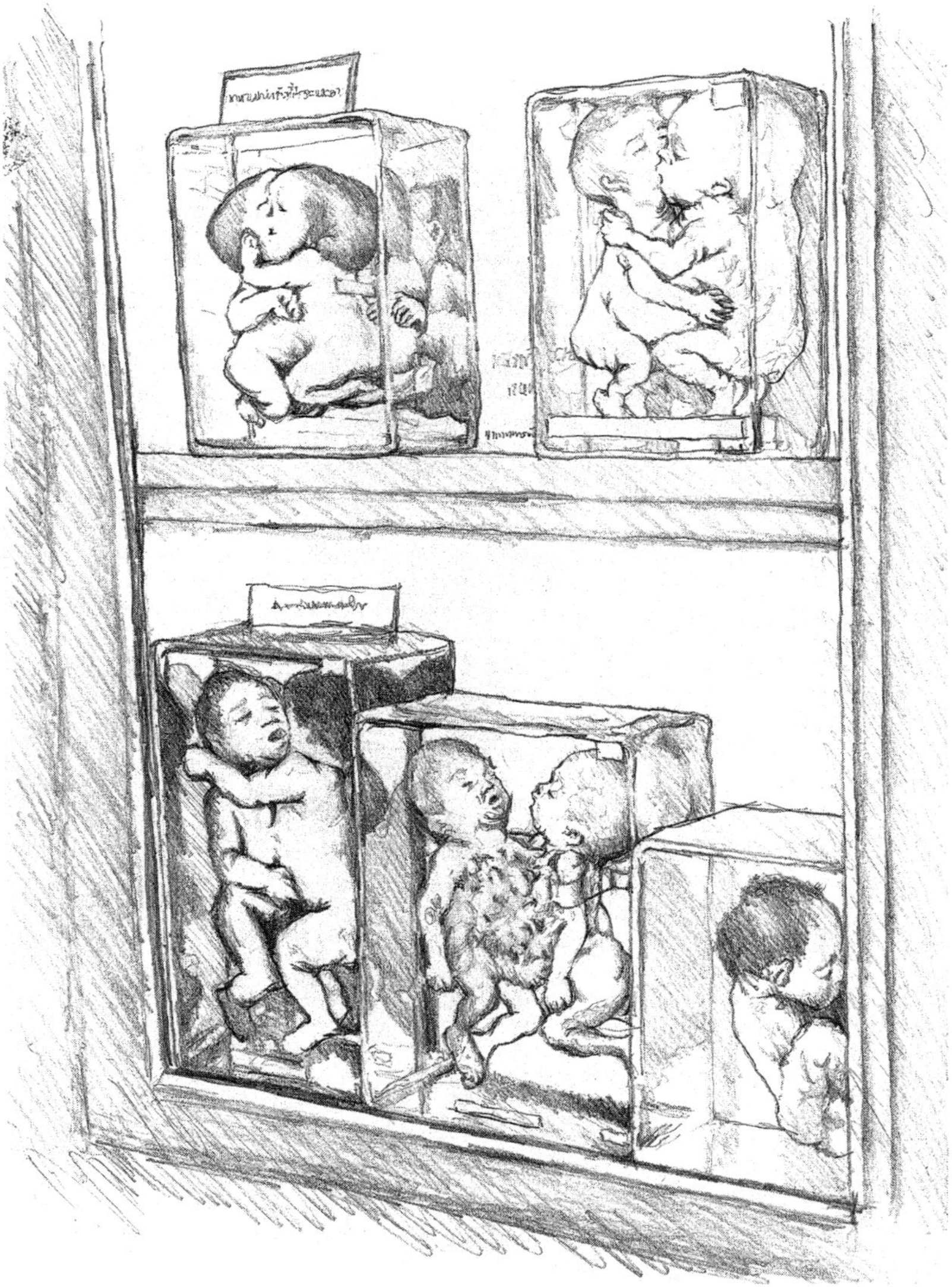

かたくなな何かが、スルスルとほどけはじめる。

スコールが去った積乱雲から太陽が躍り出る。歓喜にふるえる樹木、発光する芝生、チャオプラヤ河が沸き立ち、空気中の水分までもが輝きにあふれている。病院の中庭で、子供たちが元気に遊びだした。

「蛇さん、蛇さん、どっちの井戸で水を飲む？　金の井戸なら忍んでおいで」

おっ、あれはシッポ食い蛇遊びだ。

先頭の子が蛇の頭で、次々に前の子の腰を持って一匹の大蛇ができあがる。頭は一番うしろのシッポでも、二番目でも、三番目でも、どれを食べてもいいらしい。食べられた子供が次の頭になるが、途中で手を離してしまった子も頭になってしまうので必死につかまる。

大蛇は右に左に身をくねらせながら狂喜乱舞する。

子供たちひとりひとりの歓声が溶け合い、咆哮と化す。

どうやら獲物を見定めたようだ。紅い舌を震わせながら突進がはじまる！

ものすごいスピードで胴体が回転する。

いちだんと巨大な咆哮が大地を裂き、空が崩れ落ちてくる。

回る

回る

永劫の時の中を、輪廻の車輪に乗って。

回り続ける。

個我を越え、無数のわたしに出会うために。
回る
回る
わたしたちもまた神々のひとりであって、
回り続ける。
ひとしずくの涙と大洋、ひとつぶの砂と太陽もまた同じ神々のひとり。
回る
回る
回り続ける。

強烈なめまいに、オレが今まで立っていた地面が崩れ落ちる。

冷房のきいた院内から、いきなり直射日光のもとに出たせいだろう。いや、ちがう。何かとてつもなく強大な意志が、知覚の扉をこじ開けてオレを連れ出そうとしている。

腰骨の根本でとぐろを巻いていた蛇が、火柱になって突き上げてきた。

人間どものくだらない営みに神を探すのはやめろ！　おまえが責任を持って伝えなくちゃならないものは、ガキどもの遊びじゃない。やつらは残酷なくらい何も考えてないはずだ。いいか、人の一生なんてただの直線、ブッちぎれたら終わりだ。それをおまえは循環する円につなげようというのか？　この悪徳に満ちあふれた世界を、おまえは丸ごと呑みこもうというのか？

正気だ、正気に返れ！　おまえはこの旅で死に関わりすぎた。死がおまえの頭を狂わせたんだ。おまえはもう二度と人々の住む世界へは帰れなくなるぞ！　もう二度と人々の常識で世界を見れなくなるんだ。そして、永遠に世界を憎めなくなるんだぞ。それでもいいのか？

子供たちは遊ぶ。この一瞬が一番楽しいから遊ぶ、遊ぶ、遊ぶ。遊んで、遊んで遊びつくす。この世には、義務も、責任も、罪も存在しない。オレたちはこんなにも裸で、自由で、許されていたんだ。

誰も、オレ自身も、この奔流を止めることはできなかった。蛇は内側からオレの眼球をえぐり出し、透明な愛液となって流れ出す。

気がつくとオレは……声を上げて泣いていた。

汗ばんだほほは涙で洗い流され、沈みゆく夕日を照り返している。背中の痙攣は大地に放電され、木々を密やかにざわめかせていた。

通りかかった子供がオレの顔をのぞきこみ、笑いながら蛇の輪の中に走っていく。

生と死がいっしょに遊びだしたとき、もうすぐパズルは完成する！

日本

JAPAN

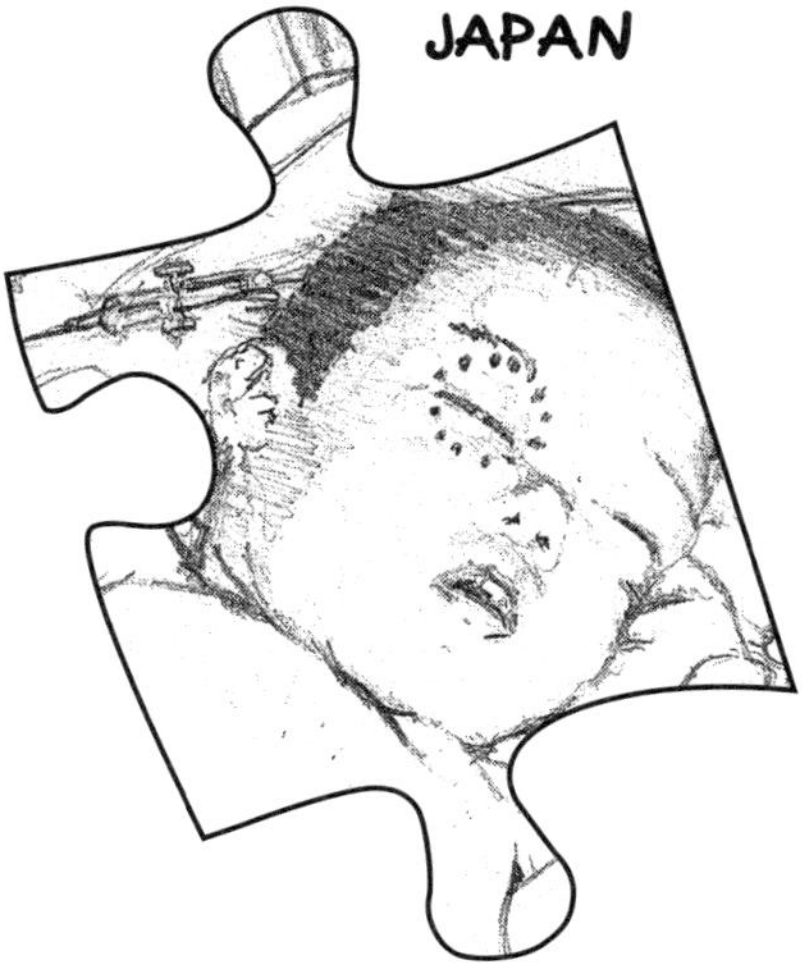

神戸

神戸……神の戸。

冥界へと通じるそのドアから、荒ぶる神が地響きを立てて踊りこんできた。人々は長い間忘れていた神の力に驚き、畏れ、倒れ、やがて自らの足で立ち上がる。

なぜなら神は狂暴な爪痕の廃墟に、一本の杖を残していくのを忘れなかった。

その杖の名は……希望という。

胸の中がザワザワしてくる。なんだろう、この気持ちは？　電車の窓から少しずつ、三ヶ月前に見た街とはちがう風景が現れてくる。
エレキ仏壇おやじがひいてしまったと信じているパンク坊主、日蓮上人のベストセラー『立正安国論』のプロローグはこうだ。
旅客来たって嘆いていわく、
近年より近日にいたるまで天変地夭、飢饉疫癘《えきれい》あまねく天下《てんが》に満ち、広く地上にはびこる。牛馬ちまたに斃れ、骸骨路に充てり。死を招くのともがら、すでに大半を超え、之を悲しまざるのやから、あえて一人もなし。

……神戸は死んだ。

電話やファックスなどの神経繊維は断ち切られ、道路や鉄道などの血管は閉塞した。かけつける白血球も間に合わない。たくさんの細胞が死滅し、取り返しのつかないダメージを受けた。

ＪＲ東海道線は住吉でストップしている。そこから神戸までは代替バスだ。ずり落ちた屋根瓦やブロック塀をよけ、何度も迂回をくり返しながら歩いていく。片側がひしゃげたマンションは五階の部屋と四階の部屋が隣同士になってしまっている。うろこの家の展望台も傾き、お参りした生田神社のエメラルドグリーンの屋根がそのまま地面に被さる。南京町の大魔人たちは道に倒れ、首や腕がバラバラに転がる。ニッキが蝶屋ギャラリーに黒こげ死体を展示するまでもなく、本物が街中に転がったのだろう。ポートタワーは倒れなかったものの、メリケン波止場のレンガ道はジグソーパズルのように海にこぼれ落ちている。そこらじゅうでクレーン車がビルを削り取り、解体屋がトラックにがれきを放りこむ。二階建ての木造家屋が道にゴロンと横倒しになっている。まるでクシナガルで見た入滅するブッダのようだ。

小雨がパラついてきた。ビニールシートをはって営業していたコンビニで、五百円のポケット・ポンチョを買った。物が買えた……チベットやインドでも驚かなかったことが、こんなところで感動してしまう。ここは日本のはずなのに、今まで旅したことのないどこか遠い惑星だ。

長田までたどり着いて見たものは、THE END OF THE WORLD……まさに、この世の終わりの風景だった。鷹取商店街の青い看板はかろうじて焼け残ったものの、いくつかの煤けたビルを残して全焼だ。呆然と立ちつくすオレに老婆がかけより、狂ったようにわめき散らす。

「これは地震だけじゃあらへん。地上げ屋がどさくさにまぎれて、火をつけてまわったんや。わしら貧乏人を追い出すためやで！」
左目が白内障なのか、ジェリー状の涙がこびりついている。老婆は別の人影を見つけると、曲がった背中で走っていき、同じ呪詛を叫び続けた。
それにしても、この匂い……。
なぜかオレは臭いと書けなかった。たしかにそれは不快であるとともに、みょうになつかしかったからだ。記憶の扉をこじ開けるのに、もっとも迅速に働くのは視覚でも聴覚でも味覚でもない。それは、嗅覚だ。しかもたちの悪いことに、嗅覚は過去の感情だけを鮮やかに蘇らせ、それがいつだったか、どこだったかは、教えてくれない。
誤解を恐れずに、正直に書く。
それは、とてつもなく安らかな風景だった。
人間のために作り出されたすべての物たちが役割を終え、モノという無名のかけらとなって眠っている。
そしてゆったりと、ただゆったりと夢見ている。
春の雨から人を守り、
夏の太陽から人を守り、
秋の風から人を守り、
冬の雪から人を守り、
じーっとじーっと建っていた。
あるモノは時を刻み、

GOD's Door
神戸

あるモノは食べ物をのせ、
あるモノはコーヒーを満たし、
あるモノは体を包み、
あるモノは道を歩き、
あるモノは水を運び、
あるモノはガスを燃やし、
あるモノは電気を灯し、
あるモノは食料を冷やし、
あるモノは衣服を洗い、
あるモノは画像を映し、
あるモノは声を伝え、
あるモノは時速一〇〇キロで走った。
みんな本当によく働いてくれた。
さあ、もう君たちの仕事は終わった。ゆっくりおやすみ。もう楽しいことも、つらいことも、悲しいことも、何ひとつ思い出さなくていいよ。太陽が昇っても、ずうっとずうっと寝てていいんだよ。物質文明の終焉する姿なのか？
死んだ街、それは一番美しい街だった。

そうだ、カルカッタ以来ニッキに電話していない。オレは電話が永遠に通じないものと思いこんでしまったらしい。コンビニの公衆電話にかけもどり、ニッキのナンバーをたたいた。

「もしもし……」

ハスキーなくせに舌っ足らずなニッキの声に、胸がつまってくる。

「ＡＫＩＲＡ！　生きていたのー！」

「普通っていうか、こういう場合、それはこっちのセリフだろ！」

「そ、そうかもね。ところで、どこ？　まさか神戸なんて言うんじゃないでしょうね！」


オレは鷹取からＪＲで西明石に向かう。駅前のロータリーにおりると少年のようなニッキがいた。包帯と網キャップの間から短く刈り込んだ髪がツンツン突き出ていて、ファネットみたいだ。オレたちは抱き合ってお互いの無事を喜んだ。不思議なことに、自分よりも相手が生きていることの方がずっとうれしい。

「スチール本棚にＫＯくらって、奇跡の生還ってとこね」

オレたちはないしょ話でもはじめるように、真珠色のバンに乗りこんだ。

「意識を失っていた二時間くらいの間に不思議な夢を見たの。あれが臨死体験《ニア・デス》っていうやつかもね。伯父さんや同級生が迎えに来たわ。あの人たちが死んだのを知ったのは、二週間もたってからなのに。だんだん明るくなっていく海にわたしが見とれていると、海岸を向こうから歩いてきたのよ。泳ぎに行くかい？　って聞かれた気がする。向こうの海岸で泳いでいる人たちはすごく楽しそうだったんだけど、個展があるから行けないわって思ったの」

「アートやっててよかったね。個展に命を救われたわけだ」

「それがちがうのよ。行けばよかったなあって後悔しているの。あんな美しい海見たことないし、あんな満ち足りた気持ちも味わったことないわ」

「おいおい、病みつきになったらどうすんだよ。臨死マニアなんて聞いたこともねえぜ」

「まあ、あんたとも再会できたんだから、乾杯しましょう。わたしの命の恩人にも会わせたいしね。行きつけだったジャズバーが今日からオープンしたのよ」

オレたちは商店街のがれきをよけながら、ひびの入ったビルの二階に上がっていった。店じゅうの棚に古いLPレコードがつまっている。黄ばんだ壁に描かれたチャーリー・パーカーの肖像画には、何本もの亀裂が走っている。

「ニッキ〜！　生きとったかあ〜！　もう店じゅうのレコードが吹っ飛んでしまってな、そこらじゅうレコードの洪水やったで」

レジメンタルの蝶ネクタイを結び、上品な口ヒゲをたくわえたマスターが、ため息まじりに笑う。カウンターから立ち上がった青年が、礼儀正しくあいさつした。

「わざわざかけつけて下さって、ありがとうございます。おうわさはかねがねうかがっております」

がっしりした体に青いジャージ、角刈りの頭がいかついが、目のやさしそうな男だ。

「この人が命の恩人、幼なじみの高松君よ。わたしを本棚の下から引っぱり出して、近所の病院まで運んでくれたの。診療室がけが人でいっぱいだったんで、庭に横たえてもらったわ。すぐに高松君は自分の家から敷き布団、新品のシーツ、毛布二枚、冬用の掛け布団をしょってきて庭に敷いてくれたの。おかげで、暖かい布団の中で目を覚ますことができたわ。精密検査では軽いクモ膜下出血を起こしていたの。あのまんま助けてもらえなかったら、植物人間になるかも知れなかったのよ」

オレが感謝をこめて高松君を見ると、下を向いたままボソボソと語りだした。

「あのときぼくは必死で、細かいところまで憶えてないんです。今の話をニッキから聞いたときは驚きでした。気絶しているはずの人間が空中からヴィデオにでも撮影したように、そのときのことを細部まで知っているんです」

「わたしは全部を見ていたの。今までないしょにしていたけど、高松君、わたしの髪に顔を埋めたでしょう。そのときなつかしいシャンプーの匂いを嗅いで、あわてて顔を上げたわね？それでわたしは決心……いや、やめときましょう」

高松君は小さな目を見張ると、居心地悪そうに肩をすぼめた。オレはちょっとのけ者にされたみたいに、話題を変えた。

「死って、そんなに気持ちいいことなの？」

「まずね、本棚の下敷きになっている自分が見えて、こんなの信じらんない！って思ったわけ。だって助けに来た高松君のジャージの袖がほころびていたことまで憶えているし、その人の考えていることまでわかるの。わたしの頭から流れ出た血が畳に染みこんでいっているのに、見ているあたしは健康そのものなの。痛みもないどころか、すんご〜く満ち足りた気分。ほら、苦労した作品が完成して、一杯のエスプレッソをすすっているときの気分よ。しかもひとりぼっちじゃないのよ。子供の頃の話し相手、わたしがクビって呼んでいたビロードのオタマジャクシが寄り添ってくれているの。クビとふたりでお父さんとお母さんに会いに行ったわ。だいじょうぶだから、来なくていいわよって何度も言ったけど、向こうには聞こえなかったみたい。それから海岸に立っていた。三ノ宮のテル伯父さんのあと、中西と長井君が来たけど行かなかった。気がつくと病院の庭に寝かされていて、厚い雲でおおわれた冬の空があったわ。急に痺れるような痛みに泣き出すと、高松君が介抱してくれたの」

二人は目を合わせると、悪だくみでもしているように笑った。

「あんたも一度死んだら、考えが一八〇度変わるわよ。わたし死ぬのが楽しみになっちゃった。死なんて海水浴といっしょよ。海から上がって体をふけば、また太陽に会えるし、ほんのちょっとの間だけ海に浮かんでリラックスすればいいのよ。決してひとりぼっちじゃないし、生きているときには味わえないような無償の愛が包んでくれるの。わたしたち、だまされていたのよ。死なんてわたしたち自身が作り上げた幻想なの。最初から**死は存在しないのよ！**」

「死は存在しない？　ニッキ、お願いだからやめてくれ！　オレは生きているニッキに会いたくて、わざわざ神戸まで戻ってきたんだぜ。最初からないものを探して、オレは旅してきたの？最初からないものにおびえて、オレたちは一生を送っているの？」

「残酷な言い方だけど、そのとおりよ。もしみんなが死を恐ろしいものじゃないって知ったら、世界は変わるかもしれないわ。死の恐怖を盾にとってエゴを押しつける戦争も意味がなくなるし、老後をおびえて暮らす必要もない。死の恐怖から解放されればきっと充実した人生が送れるはずだわ」

「ニッキ、悪いけどそんなに甘いもんじゃない。自殺だって増えるかもしれない。死刑の抑止能力がなくなれば、平気で殺人を犯すやつも出てくるかもしれない。殺してやったんだ、ありがたく思えってね。死んでいく人間をこれがあんたの運命だよって突き放せるのか？」

ニッキは少しだけ悲しそうに、唇をゆがめた。

「あんたはまだ知らないのね。死は存在しないって知ることは、無償の愛が存在することを知ることなのよ」

オレは割り切れない気持ちのままグラスをかかげた。

「死んでいった魂のために、生き残った魂のために、カンパ〜イ！」

阿部薫の悲痛なハーモニカソロが流れる。カウンターのすみに突っ伏していたおっさんが不機嫌そうに顔を上げた。茶色いたて縞のドテラに、どっかの旅館のタオルを下げている。ジャズバーよりも、工事現場が似合いそうなおやじだ。

「ガチャガチャうるさいで。何が、死んでいった魂のためや」

骸骨みたいにはげ上がった顔に、くぼんだ瞳が陰険そうだ。

「あんた、よそ者やろ？　東京か？」

おっさんは半開きの酔眼でオレを威嚇してくる。

「気いつけや、次は東京やぞ！」

「亀さん、そんな言い方ないやろ。みんな心配して来てくれるんやから」

マスターが間に入ってなだめるが、オレだって「次は東京やぞ」なんて言われたら黙っちゃいらんない。

「じゃあ神戸以外の人間は、知らん顔してろって言うんですか？」

ニッキがオレの袖を引っ張る。オレだってこんな老人相手にしたくない。

「よそ者に何がわかる！」

「たちの悪りい酔っぱらいの気持ちなんか、わかりたくもねえよ！」

「なんやと！」

おっさんはオレの襟首をわしづかみにし、か弱い腕でゆさぶる。

グァッシャーン！　オレのスツールが大音響で床に倒れた。

「よそ者はみんな神戸から出てけー！」

おっさんのパンチが、ほほを外れて耳に当たる。頭がキーンと痺れて、火山弾のような怒りがはじけ飛んだ。

「出ていく前に、きっちり礼はさせてもらうよ」

おっさんの顔面にチョーパン（頭突き）を入れようとした瞬間、体が固まった。高松君にうしろから羽交い締めにされたんだ。

「はなせ、邪魔すんな、この野郎！」

オレは上半身をバネのようにかがめると、後頭部で高松君の顔面を激打した。首をねじ曲げて見ると、よろよろと流れ出す鼻血が光る。

「わたしの大切な人に何すんのよーっ！」

ニッキの往復ビンタがオレのほほに飛んでくる。愛情をこめた眼差しはオレを素通りして、うしろの男にそそがれていた。

「わたし、この人と……結婚するの！」

ニッキがギュッと結んだ瞳から、沸騰した涙があふれ出す。高松君が羽交い締めをとくと、オ

はなせ
高松君
マスター
亀さん

レは老朽指定を受けたビルディングみたいに床に崩れ落ちていった。

マスターがカウンターからのり出し、静脈の浮き立ったおっさんの手首を押さえている。

「あんたも許したってや。亀さん、奥さん亡くしたんや」

マスターが慈愛のこもった視線をオレに向けた。

「オレもこの前、母を亡くしました」

おっさんの瞳からトゲがサァーッとぬけていく。

「そうか……悲しいのんは、わしだけやあらへんな。あんちゃん、かんべんしてな」

おっさんはオレに向かって、ガクンと頭を垂れた。いつの間にか、曲がビリー・ホリデイの「NO REGRETS」に変わっている。

「亀さんに謝られたって、ちっともうれしかないで。反省してるんやったら、態度で示してもらわんと」

「わかった、わかった。みんなのためにワイルドターキー一本入れたる。その代わりと言っちゃなんやがマスター、一曲だけ歌わしてくれへんか?」

「もう～、うちはカラオケ屋ちゃうんやで。でもまあ、ボトル一本入れてくれたことやし開店サービスや」

マスターはしぶしぶマイクを渡すと、カセットのカラオケをかける。亀さんは小さな体でスクッと立ち上がり、気持ち悪いくらいの美声を響かせた。

神戸　泣いてどうなるのか
捨てられたわが身が　みじめになるだけ

神戸　船の灯りうつす
濁り水の中に靴を投げ落す
そしてひとつが終り
そしてひとつが生まれ
夢の続き見せてくれる相手捜すのよ
「夢の続きか……」

それから一ヶ月以上、いくつかの避難所をまわって、ボランティアをした。

オレはいつも肉体労働を志願した。配給班とかに入ると、みんな心労でボロボロになってしまう。それなら給水班で走りまわって、体がヘトヘトになる方がいい。

両腕でポリタンクを運んでいると、急に様々なイメージが頭をかすめていく。

中国のすさまじいトイレ、死んでいく六億匹の精子たち、バスティーの黄色いパーカーから流れる鮮血、ムクンダババのオナラ、堕ちてくる天使たち……鳥たちに消化された人肉が、ひとつぶのクソになって降ってきた。

ウンコで絵を描こう！　ピカソも娘のウンコで絵を描いた。マンゾーニも「芸術家のクソ」っていう箱詰を作った。水墨画でも描こうかな？　ダメだ！　ちょっとやそっとのスケールじゃ勝てやしない。もっともっとバカバカしいものだ。

突然、子供の頃の落書き歌が聞こえてきた。

♪おなべかな？

おなべじゃないよ、葉っぱだよ。

葉っぱじゃないよ、カエルだよ。

カエルじゃないよ、アヒルだよ。

六月六日に雨ザーザー降ってきて、
三角定規にヒビ入って、
アンパン二つに、豆三つ。

コッペパン二つくださいな。

あっというまに、

「コックさん」

オレはニューヨークやマドリッドでコックをやっていた。チキンやポークやビーフの死肉をさばいて、焼き鳥やトンカツやステーキに調理してお客さんに食べてもらう。鳥葬場で人肉をさばいて鷲に食べさせる僧と同じ仕事だ。「コックさん」は死を生につなげる循環のシンボルだ。

肉体、そして捨てられていくもの……。

自分の血で絵を描こう。それも五、六メートルある巨大キャンヴァスに。オシッコは布団に描いた方がおもしろいな。オナラはびんづめにしよう。センズリティッシュは天使のイメージで……この旅で拾い集めてきたヴィジョン。それを人に伝えるためには、作品にしなければならない。それがオレの仕事だ。一刻も早く作品が作りたくなってきた。

朝の六時から、いつものように赤いポリタンクを提げて水を配っていた。見慣れぬ老婆が半壊した家の前で、オレに向かって手を合わせている。

「あんたやね、毎日花瓶の水をかえてくれていたんは？　夢ん中で死んだじいちゃんに叱られたんや。ヒゲのあんちゃんが来てくれるから、こうして新しい水で歯が洗えるんや。ご苦労さんのひとことも言ってこいって」

「す、すいません。おばあちゃんのとなりの家が最後だったんで、あまった水をこの花瓶に入れていただけなんです。オレは子供の頃からジンクスにこだわるたちで、この区画を終わったという儀式のつもりでやっていたんです。ところで死んだおじいちゃんでも、歯を磨くんですか？」

「じいちゃんは飯を食い終わった茶碗に入れ歯をひたして、お茶を飲むんや。息子たちは汚いっていやがっていたで。わたしは茶碗に飯一粒を残しただけで、じいちゃんにひっぱたかれたん。あんたは残りカスをやる、じいちゃんはそれをありがたく受けとる。どっちも相手のことなんか思いもかけへん。それが無償の愛なんや。もっともっと人間は好き勝手にふるまえ。わがままになればなるほど仏様に近づくんや！」

おばあちゃんはもう一度オレに向かって深々と頭を下げ……ニッコリと笑った！

死をくぐりぬけた人間の笑顔ほど、美しいものはない。

この国が失くしてしまったパズルのかけらを探しにアジアへ出かけたはずなのに、一番大切なひとかけらを見つけたのは神戸だった。生きている喜びを全身にみなぎらせ、逆境を笑い飛ばす圧倒的な笑顔だ。

循環するアジアの輪がここでつながり、今……旅は終わった。

東　京

愛すべき平和の街、東京……。

長い旅に疲れた今のオレには、安心して創作に打ちこめる街が必要だ。マドリッドから戻ってきて三年になるが、だんだんと東京が好きになりはじめている。


目に映る風景すべてが、新鮮だった。

大阪からＪＲの夜行バスに乗って、朝七時半に東京駅へ着いた。たしかに、平日でないのはラッキーだ。朝のラッシュでもみくちゃにされると、死にたくなる。

駅構内のマクドナルドに入って朝食をとることにした。熱いアメリカンコーヒーをすすりながら、水槽のようなガラスごしに人々をながめる。日曜日のせいか、家族連れが多い。最新ファイバーの釣竿をかついだおじいさんや、ジュラルミンの旅行用トランクを引きずるＯＬ、レア・ナイキでおしゃれしたカップルたちは朝いちでディズニーランドかな？

みんな裕福な親から仕送りでももらうように、あたりまえな平和を享受している。

落書きひとつない地下鉄丸ノ内線で荻窪まで出て、ＪＲに乗り換える。ここはもう、オレの愛する吉祥寺だ。中道商店街は重いシャッターを上げはじめている。駄菓子の夢屋、リサイクルのあれやこれ屋、たこ焼きの白川、成蹊通りの並木道。

なつかしいモルタル・アパートへ帰ると、管理人さんが生協のビニール袋を三つくれた。可燃性ビニールを透かして、膨大な手紙の束が見える。

引き戸式のドアをガタゴト開けると、なつかしい自分の体臭に出会う。

「帰ってきたぞーっ！」

縁布のすり切れた畳の上にリュックを下ろしたとたん、強烈な睡魔が襲ってくる。バスでは一睡もできなかったからな。

かび臭いベッドに転がり、大〜きく伸びをした。

こうして自分のベッドに帰ってくると、高山病も、鳥葬も、『死者の書』のセッションも、ポカラの湖も、ブッダの聖地も、ヴァラナシの火葬場も、聖者の祭も、シーウィー博物館も、神戸の廃墟も、まるですべてが夢だったように思えてくる。

エレキ仏壇おやじが、ピーターが、阿片窟の老婆が、ムッツリおやじが、サルが、タールが、ファネットが、バスティーが、ロブサンが、ヨーコさんが、スジャータが、スラポンさんが、亀さんが、ニッキが……螺旋の渦に溶け合って、子宮の奥へと吸いこまれていった。

ババチョフが笑っている。

まだ一歳にもならない妹の赤ちゃん、凛太郎《りんたろう》を抱えて。妹の顔には、はじめて母親になった幸福感が満ちている。

「酸素の契約が切れるって」

ババチョフは、赤ちゃんを連れて出ていった。

「待って!」

妹は急に血の気が引いて、病室を飛び出していく。遠近法の消失点まで続く天井がグニャリとゆがみ、妹はリノリウムの冷たい廊下に倒れた。


目覚めはいつも……ひとりぼっちだ。不吉な夢をふり払うように、テレビをつける。

「今日午前八時すぎ、ラッシュ時の地下鉄丸ノ内線、日比谷線の車内で、猛毒サリンによる集団テロが発生しました。六人が死亡、九百九人が病院へ運ばれています!」

……もしかしてオレは、まだ夢の続きを見てんのかなあ?

「気いつけや、次は東京やぞ!」

亀さんの言葉が、予言のように蘇ってくる。こめかみが脈打つ音が聞こえ、布団が不快な寝汗の海に変わる。

オレは、一日ちがいで死んでいたかもしれない……。

目の球結膜が充血し、瞳孔が一ミリに縮小し、激しい嘔吐、血圧の低下、冷たいコンクリートのホームにころがり、宇宙服のようなものを着た男たちに運び出される。それが自分じゃなくて本当によかったのか?

いつもと変わらない日常。ラッシュアワーの地下鉄に、なんの前ぶれもなくナチスドイツが開発した化学兵器がぶちまけられる。突然襲いかかる悪意。訳もわからず死んでいった人々。彼らはこの世での役割を果たし終えたのか? これを前世のカルマと笑えるのか? 死の瞬間、無償

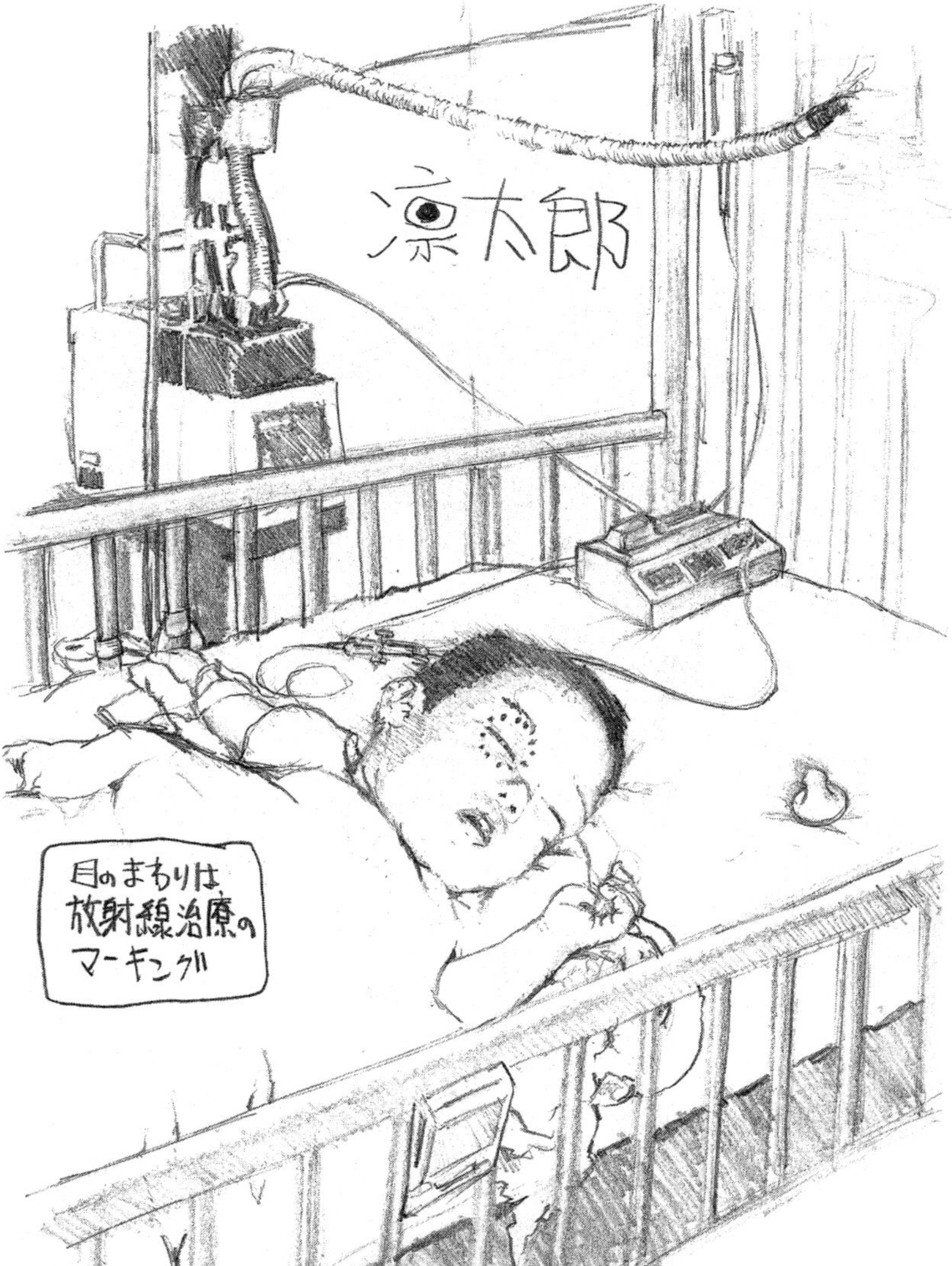
涼太郎
目のまわりは
放射線治療の
マーキング

の愛に包まれたのか？

畳の上に散らばったハガキの中に妹の丸文字が見えた。それはわずかに震え、精一杯の平静を装おうとしていた。

凛太郎の右目の網膜に、ガンが発見されました。

詳しいことは今後の検査によりますが、ベッドが空き次第、信濃町の慶応病院へ入院します。

ハッピーエンドで完成したはずのパズルが……、

音を立てて崩れていった。

誰も出ない妹の家の電話を切ると、オレは霞が関へ向かった。

もう一度、はじめからパズルを拾い集めるために……。

エピローグ
EPILOGUE

「死ってなんだかわかった？」

「う～ん……生きることの反対じゃないかもしれない」

「じゃあ、生きるってなんだかわかった？」

「う～ん……死ぬことの反対じゃないかもしれない」

「それじゃあ、わかんないわ」

「ずーっと夢は、つながっているんだ」

「ずーっと？」

「うん、次の夢の中で目覚めてもね」

「ワクワクするわね」

あとがき

オレはきみを旅立たせるためこの本を書いたんだ――AKIRA

きつい坂道を登り、細い路地をくぐり、「うろこの家」から神戸の町並を見おろす。

ちょうど十年前、この町からフェリーに乗り、オレはアジアにむかったのだ。

オレは旅からすべてを学んだ。
世界がオレの学校であり、
出会いがオレの先生だった。

人々の群れは「前へ進め」とオレの背中を押してくる。

立ち止まって考えようとすると、「なにも考えずにさっさと歩け」とうしろから小突かれる。

自分自身を振り返ろうとすると、「そんな価値がおまえにあるのか」とつめよってくる。

この群れからはぐれなければ、安定した生活や幸せな未来が待っているよと励まされ、
もし群れからはぐれたら、人間失格の烙印と孤独の地獄が待っていると脅かされてきた。

いつか世界を見てみたいとあこがれながら、
はじめの一歩がなかなか踏み出せなかった。
ひとりになるのが怖かった。
自分自身を信じることができなかったんだ。

そして、
「いつか〜したい」と言いつづけてることが、
「永遠になにもできない」という意味だと知ったとき、
オレの旅がはじまった。

言葉も、肌の色も、習慣も、価値観も、まったくちがう世界にたったひとりで立ちむかわなければならない。

毎日のように自分の力ではどうしようもないことばかり襲いかかってくる。

ぼられ、だまされ、できない英語で悪態をつき、スプリングの飛び出たベッドで泣いた。

唯一絶対と教えこまれてきた日本の物差しはまったく通用しなかった。

つぎつぎに自分の物差しが叩き折られるたび、
オレの嘆きは高笑いに変わった。

ちっぽけな物差しにしがみついていた自分がむしょうにおかしかったからだ。

世界には国の数だけ、民族の数だけ、人の数だけ、物差しがある。
「みんなちがって、みんないい」
頭ではなく、はらわたの底からそう感じたとき、
オレは世界を受け入れ、
世界はオレを受け入れてくれた。
昨日までと同じ風景なのに、
世界が驚くべきみずみずしさで立ちあがり、
オレは生まれたての赤ん坊のように世界を吸収した。

これがオレの解放記念日だった。
自分はこうあらねばならないという呪縛から解き放たれ、
善も正義も、常識も道徳も、かさぶたのように剥がれ落ちた。
オレはひとつの「眼」になった。
網膜に映るすべてを、分析せず、判断せず、
あるがままに世界を眺める。

出会う人ごとにさまざまな物差しを集め、多様なものの見方を学んでいった。
なんといってもいちばんの収穫は「視点の移動」ができるようになったことだ。

今まで難攻不落ように思えた社会という怪物もうしろにまわってみると、ただのハリボテだった。

なにかトラブルが発生すると、問題のまわりをぐるりとまわってみる。

さまざまな視点から眺めればなんとか解決方法も見つかる。


「視点の移動」というのは、その人の気持ちになって世界を眺めるということだ。

そこから人を思いやる気持ちが生まれる。


悲しみを分かちあえば、半分になる。

喜びを分かちあえば、倍になる。


そう、すべてはつながっているんだ。


娼婦も、乞食も、聖者も、宿の主人も、旅の仲間も、
旅で出会うすべての人間がオレの鏡だった。

あの笑えるくらいにばかばかしい彼らの演技が、オレになにかを教えてくれるためのものだった。

「そうか、オレはオレの人生の主役だった」と気づかせてくれたんだ。

そんなあたりまえなことさえ忘れるほど、オレたちは飼いならされてきた。

きみはきみの人生の主役だったんだよ。
だからきみの人生は君が選んでいい。

この本に出てくる娼婦の娘スジャータのように生まれ変わりがあるかないかは死んでみないとわからないが、
きみの今もってる命は今回きりのものだ。

世界中のほとんどの人々はパスポートもなく、旅するお金もない。
だけどきみはとてつもない幸運な確率で、世界を旅することができる国に生まれた。
来世も先進国に生まれるという保証はないし、オレたちは物質文明を享受できる最後の世代かも知れない。

今年中学生になった凛太郎はサッカー少年として走り回り、神戸の町は見ちがえるほどに生き返った。
この世にひとつだけ変わらない真実があるとすれば、
それはすべてが変わりゆくという真実かもしれない。

だから今ある世界を、
二度とはないきみ自身を、

知るために旅にでてみないか？

オレはきみを旅立たせるためこの本を書いたんだ。

群れからはぐれても、
レールから脱線しても、
だいじょうぶ。

人生の豊かさを計る物差しは、
「命の残高」じゃなく、
永遠に増えつづける「出会い貯金」だから。

ホームページ：：www.akiramania.com
メール：：info@ akiramania.com

解説

心の旅のガイドブック

復刊委員会

一九九九年に新潮社から出版された「アジアに落ちる」は、講談社ベストエッセイスト賞の最終候補に選ばれ、読者に強烈な印象を与えました。

笑い、泣き、怒り、焦り、悲嘆し、放心する……の連続で、一行一行まったく飽きさせない筆力に唖然。無数にあるアジア旅行記の中でも、これほど「人間」の洞察が鋭いものにはなかなか出会えない。随所にはさまれるスケッチも心を突きまくる。（「SWICH」書評より）

アジアにむかう旅人はこの本をバックパックにほうりこみ、ボロボロになるまで何度も読み返し、インドでもタイでもおよそ日本人が集まる宿には手垢で擦り切れた「アジアに落ちる」がころがっていました。

絶版になったあとも、アマゾンコムでは値段が急騰し、一万円以上で取引されることもめずらしくありませんでした。

もともと旅行記の賞味期限は非常に短いものです。世界はめまぐるしく変化しているし、ガイドブック的なエッセイはあっという間に消えていきます。

ではなぜこの稀有な旅行記だけがこれほどまでの支持を受けつづけるのでしょう？

それは「アジアに落ちる」が心の旅のガイドブックだからです。

旅行記の古典である「深夜特急」や「全東洋街道」とは対照的に、「アジアに落ちる」は登場人物の心理に情け容赦なく踏み込んでいきます。読者の頭をわしづかみにするように人間存在の深淵をのぞきこませ、生の意味を、死の意味を、突きつけてくるのです。

これほどまでに人間の深みを描ききった旅行記は今まで例がありません。世界情勢がどう変化しようと、人間が普遍的である限り、この本も色あせることがないでしょう。

わたしたちはどうしてもこの旅行記を現代に蘇らせたかったのです。

だれもが気軽に海外へ行けるようになった今、わたしたちの旅は新しい段階へさしかかっています。息抜きのバケーションから、心の旅へと、進化を迫られているような気がするのです。「アジアに落ちる」には、新しい時代の旅へのヒントがぎっしりとつめこまれています。何度読み返してもあらたな発見があり、読者の成長とともに理解されていく無限の深みがあります。生と死という重いテーマにもかかわらず、あたたかいユーモアと心地よい疾走感に満ち、あっという間に読み終わってしまいます。

ランダムにページを開き今日一日を生きるヒントにつかってもいいですし、精神世界の手引きとして読まれてもいいでしょう。

アジアへ旅立つ若者や熟年層の人たちには少なくとも二冊の本をバックパックやスーツケースに滑りこませてください。一冊は地理的な旅のガイドブック、もう一冊は心の旅のガイドブック「アジアに落ちる」です。

アジア以外に行く人にも、本書は旅のバイブルとして心の糧になると信じています。

最後にわたしたちのわがままを快諾して下さった、めるくまーるの和田氏と太田氏に感謝を捧げます。

参考文献

『原典訳　チベットの死者の書』川崎信定訳　ちくま学芸文庫
『改稿　虹の階梯』中沢新一、ラマ・ケツン・サンポ　中公文庫
『ダライ・ラマ自伝』山際素男訳　文藝春秋
『大聖ラーマクリシュナ　不滅の言葉』田中嫺玉、奈良毅訳　中公文庫
『時空のサーファー』ホセ・アグエイアス、高橋徹、住倉良樹他監訳　小学館
『ぼくは始祖鳥になりたい』宮内勝典　集英社
『Be Here Now』ラム・ダス、上野圭一、吉福伸逸他訳　ＣＢＳソニー出版
『THE POWER-PLACES OF CENTRAL TIBET』KEITH DOWMAN, RKP
『死後の真実』Ｅ・キューブラー・ロス、伊藤ちぐさ訳　日本教文社
『ロミオ・エラー』ライアン・ワトソン、内田美恵訳　ちくま文庫
『驚異の小宇宙　人体⑥　無意識と創造』日本放送出版協会
『ホロン革命』アーサー・ケストラー、田中三彦、吉岡佳子訳　工作舎
『FRONTIERS』アイザック・アシモフ、宮田都訳　青春出版社
『宇宙の謎を楽しむ本』的川泰宣　ＰＨＰ文庫

本書は一九九九年発行の新潮社版『アジアに落ちる』の複製版である。

杉山明

作家、美術家、1982年渡米、アンディー・ウォーホールより奨学金を受け、ニューヨーク、アテネ、フィレンツェ、マドリッドなどで美術作品を制作し、世界40ヵ国以上を放浪する。93年帰国。AKIRA名義で『アヤワスカ！』、『風の子レラ』、『COTTON100%』、また杉山明名義で『神の肉 テオナナカトル』など著作多数。
感想をメールでお寄せください、ホームページに掲載します。
ホームページ　www.akiramania.com
メール　info@akiramania.com

アジアに落ちる
2007年9月10日　初版第1刷発行
2016年5月25日　初版第4刷発行

著　　者◎杉山　明
企　　画◎himalaya BOOKS　西 大樹
発 行 元◎株式会社めるくまーる
〒101-0051 東京都千代田区神田神保町1-11
TEL.03-3518-2003　FAX.03-3518-2004
振替 00110-0-172211
http://www.merkmal.biz/
装　　幀◎高橋克明
印刷製本◎ベクトル印刷株式会社

ISBN 978-4-8397-0131-4

《新装版》

神の肉 テオナナカトル

亡き父への挽歌

父がこの世にもどれないのなら、
僕があの世を訪れるしかない。

60年代にビートルズ、ボブ・ディラン、ローリング・ストーンズ、ティモシー・リアリー等、多くの巡礼者を呼び寄せた魔法のキノコ、テオナナカトル。
明は致死量と言われる量のテオナナカトルを食らい、あの世へ通じるドアを開けた……峻烈なメキシコの風土と深遠な精神世界が、究極の癒しへと導くロードノベル。

杉山 明（AKIRA）著

定価（本体１７００円＋税）

■四六判並製／２８８頁

■ISBN978-4-8397-0152-9 C0093

憎むことも、許すことも、
家族から教わる。
みんなそうなんだね。
ＡＫＩＲＡ、ありがとう。——— 田口ランディ氏評

※装丁（表裏）に、著者本人が制作した毛糸絵画「ネアリカ」を採用